"法治化营商环境"研究文丛

优化营商环境视域下
新型担保案件裁判规则研究

黎　桦◎著

知识产权出版社
全国百佳图书出版单位
——北京——

图书在版编目（CIP）数据

优化营商环境视域下新型担保案件裁判规则研究／黎桦著 . —北京：
知识产权出版社，2021.12

ISBN 978-7-5130-7833-7

Ⅰ.①优…　Ⅱ.①黎…　Ⅲ.①担保法—审判—案例—研究—中国
Ⅳ.①D923.25

中国版本图书馆 CIP 数据核字（2021）第 244086 号

责任编辑：刘　睿　邓　莹　　　　责任校对：王　岩
封面设计：杨杨工作室·张冀　　　　责任印制：刘译文

优化营商环境视域下新型担保案件裁判规则研究
黎　桦　著

出版发行：知识产权出版社 有限责任公司		网　　址：http：//www.ipph.cn	
社　　址：北京市海淀区气象路 50 号院		邮　　编：100081	
责编电话：010-82000860 转 8346		责编邮箱：dengying@cnipr.com	
发行电话：010-82000860 转 8101/8102		发行传真：010-82000893/82005070/82000270	
印　　刷：北京建宏印刷有限公司		经　　销：新华书店、各大网上书店及相关专业书店	
开　　本：720mm×1000mm　1/16		印　　张：12.25	
版　　次：2021 年 12 月第 1 版		印　　次：2021 年 12 月第 1 次印刷	
字　　数：200 千字		定　　价：66.00 元	

ISBN 978-7-5130-7833-7

前　　言

　　中国经济的高质量发展催生新型担保不断涌现，一方面，这些新型担保在盘活资产、为中小企业发展融资和增信等方面发挥了巨大的作用，有助于推进发展方式转型，改善营商环境，激发社会活力；另一方面，这些新型担保往往缺乏法律的直接规定，其合法性受到研究者的质疑，甚至造成法院司法认定相互矛盾和冲突，导致商事主体不愿、不敢使用新型担保方式参与社会经济活动。从新型担保自身发展来看，新型物权担保面临物权法定原则的严格限制，如何在尊重物权法定原则和对抵押权、质权的客体规定之间开辟一条合适的进路，为新型物权担保找到恰当的法律依据是我们面临的重要课题；新型债权担保则面临担保合同独立性、让与担保与流质禁止等制度的限制，这些问题亟须通过合理的解释来厘清法律性质，从而依法禁止不合理的甚至是违法的担保方式，确认并保障合法的担保方式。担保制度作为我国民商法中的基础性制度，对于营商环境建设具备重大意义，只有消除新型担保面临的法律困境，理顺新型担保的运行机制，才能在社会主义新时代更好地发挥担保制度的独特价值，借助司法功能促进中小企业发展和营商环境的持续改善。

　　在明确新型担保的具体类型和运行逻辑后，我们考察专家学者对于新型担保的理论探讨，统计和梳理司法认定方面的情况。从理论研究的角度来看，新型担保的关注焦点主要在于新型担保的客体合法性问题、新型物权担保的公示问题、新型物权担保的合理性问题、担保能否具备独立性和存货动态质押的合法性问题。从审判实践来看，通过对涉及新型担保的 5307 件裁判文书❶进行的统计分析中发现规律，通过其中的争议焦点认定部分，分析了当前司法实务领域对于新型担保问题的处理态度和应对方式。

他山之石，可以攻玉。新型担保问题是经济急速发展的伴生性现象。境外的司法实践能够给一个或多个具体的新型担保类型或者新型担保所面临的某一项实际问题提供启示。在联合国《担保交易示范法》中，将质押与抵押统一化立法，并且将担保权客体合理扩大；日本、德国的立法实践，能够为我国今后如何处理让与担保提供一定的参考；而韩国就债权担保的问题颁布了单行法，回应了物权法的最新发展趋势，值得我们借鉴。当然，境外的法治实践是各自国家国情下的产物，在数字经济蓬勃发展的我国，需要走出一条独具中国特色的新型担保发展之路。

新型担保与营商环境优化有着天然的联系。从主体层面来看，发展新型担保有助于降低中小企业的融资成本，激活中小企业的发展活力，满足中小企业特别是小微企业的融资、增信需要；从操作层面来看，发展新型担保需要将新型担保与应收账款融资结合起来，扩大企业主体的担保工具库；从营商环境优化的角度来看，发展新型担保需要将担保制度的发展与放管服改革结合起来，与国家、地方层面的优惠政策和改革意见形成呼应；从司法功能实现来看，新型担保作为一种处于模糊地带的担保形态，亟须得到必要的法治保障，使社会上关于新型担保的实践能够敢于运用法律保障合法权益。此外，2020 年年初全球蔓延的新冠肺炎疫情对我国乃至全球经济的负面影响不可忽视，在此背景下，优化营商环境别具意义。中小企业在疫情后面临的融资需求和融资紧迫性显著增强，除了政府的支持外，有序提升对民间融资的鼓励势在必行。

通过对新型担保法律规则的分析，结合我国当前实践中已存在的对于新型担保的实务认定，笔者认为应当利用司法解释的方式，对新型担保裁判规则作出进一步的明确。首先，部分新型质权担保本身具备应收账款的属性，运行模式也与应收账款质押极为相似，可以考虑并入应收账款质押处理；其

---

❶ 本书所指的"裁判文书"是指公开的判决书、裁定书，不包含未公开的判决书、裁定书和调解书。

次，对于存货动态质押这类具备较大社会价值，放开也不至于危害正常社会经济秩序的质押方式，可考虑结合物权法的规定进行创新性解释；再次，对于新型债权担保中面临的若干问题，也可以进行整体化的依据指引；最后，对于出租车经营权质押这种不利于营商环境改善的质押类型，则应当考虑适时予以限制。此外，从长远来看，随着经济的不断发展，新型担保必然会有更多的形态涌现，我们要借助科技力量，及时构建更加符合新时代要求的具有中国特色担保法律体系。

目　　录

第一章 导 论

第一节 研究缘起

互联网经济时代使得越来越多的新类型财产进入司法视野。新类型财产意味着新类型权利，映射的是商事活动日益丰富、活跃与创新。在我国，绝大多数的合法私有财产都具有担保价值。动产和权利可以质押方式提供担保，不动产可以通过抵押提供担保。从更广泛的意义上讲，任何财产的增加都有助于增进商事主体的信用，提升其偿付能力。在互联网进入中国之初，虚拟游戏货币、虚拟道具是否是财产曾一度引发争议，后逐步被实践接纳。至《中华人民共和国民法典》（以下简称《民法典》）实施，虚拟财产正式得到法律的承认和保护。当下迅猛发展的技术使得人们对于新类型的财产和权利更为包容，不再关注哪些财产"可以成为"财产，而是只留意哪些财产"不能成为"财产。与社会对新型财产和新型权利的包容相比，对于新型权利衍生出的新型担保法律制度则滞后许多。新型担保方式对于商事主体，特别是全球疫情蔓延下资金和财产相对不充足的中小企业而言意义更加重大。关注和研究新型担保作用的发挥，提高中小企业的增信度，改善中小企业所面临的营商环境意义重大。

实践中，近年来我国各地各级司法部门创造性地推出了一些代表性的新型担保案例。不同地域、不同层级的法院对不同类型的新型担保案件秉持法律的精神能够做出相同或者相似的判断，但是对于某些具体类型的案件涉及的具体法律问题却分歧较大。例如，在租赁权质押的合法性问题上，实践中支持的法院认为：不动产租赁权质押是指承租人因租赁合同而享有的包括请求出租人交付合格租赁物及对租赁物享有的占有、使用、收益、优先续租等权利，不动产租赁权本质上是一种债权，不动产租赁权提供担保应属权利质押，即不动产租赁权人根据与出租人签订的租赁合同而享有的一切权利向质权人提供担保，在租赁权人未在履行期限内偿还债务的，质权人有权就租赁权益优先受偿的一种权利质押模式；而在实践中反对的法院认为：根据物权法定原则，权利质押应当由物权法明确规定。租赁权质押权所谓的法律依据是《中华人民共和国物权法》（以下简称《物权法》，已废止）第 223 条〔（《民法典》第 440 条）〕第 7 项"法律、行政法规规定可以出质的其他财产权利"和《中华人民共和国担保法》（已废止）第 75 条第 4 项"依法可以质押的其他权利"，但目前尚无法律、行政法规明确规定不动产租赁权可以作为权利质押的标的，法院难以支持。实践中相互矛盾的判决极大地限制了新型担保的适用范围，妨碍了新型担保制度效应的发挥。有鉴于此，本书认为，有必要在《民法典》颁布实施之际加大对新型担保特别是新型担保裁判的研究力度，为新型担保的裁判找到一个更加合理的进路，统一新型担保裁判尺度，为优化营商环境做出努力。

从理论上讲，新型担保制度的研究十分必要。作为经济社会商事实践过程中出现的有别于已有担保类型的一个新担保类型的总称，它与非典型担保存在一定的交叉与重叠，但二者侧重点稍有不同，新型担保重在"新"，侧重担保方式的创新，而非典型担保所强调的是"非典型"。新型担保关注的是这种担保类型没有被现行法律所确认，存在一定的模糊空间。本书所提及的新型担保在国外已有实践，并非绝对意义上的"新型担保"。❶ 我国社会主义市场经济起步较晚，但发展迅速。本书认为，"新型担保"是指在我国的法律实践中出现的具有创新意义的担保方式。这些担保方式在合法性和合理性方面有待研究，在运作机制上更值得学界深入探究和分析，唯有如此，才能有效地为司法实践提供有效参考。

综观各类不同的新型担保类型，新型担保的客体不断扩大，形式不断升级，反映了在新的历史条件下社会主体所支配的财产权利愈加丰富、日益多

---

❶ 某些新型担保的类型可能在域外，或者国内的特定历史时期出现过，或者有人如此实践过，但是这种行为是零散的、偶然的。

元，新型财产权利不断涌现，财产流转更加灵活。商铺租赁实践成就了租赁权质押的广泛应用，金融领域的创新则铸就了更加复杂的金融商事担保方式。

历史地看，我国新型担保物权法律制度面临着发展困境。在现有担保法律体系下，我国的物权担保分为抵押、质押、留置，其中抵押和质押是本研究关注的核心问题。传统理论认为，抵押是不转移占有的物权担保方式，针对的对象是不动产；而质押是转移占有的物权担保方式，针对的是动产。这种理解在特定的历史条件下有其合理性，以往人们所享有的财产以动产和不动产为主，对于具有确定性的不动产，以登记的方式来实现公示，从而获得合理的优先性权利；而动产往往不具备确定性，人们就以转移占有的方式来实现对于动产物权的公示，从而获得优先性权利——此种逻辑脉络清晰，公示是物权能够产生优先效力的实践依据，而登记与占有则是一种公示的方式。

新技术催生新型权利类型，传统规则正受到越来越大的冲击。动产与权利性财产的不断涌现，❶ 多数动产与财产性权利能够被上述体系所容纳，某些权利已经开始超出前述体系的法律解释范围。那些具备不动产性质的权利，诸如用益物权、土地承包经营权等被纳入了抵押的范畴，那些具备可登记性的具备重要价值的动产，例如，车辆、船舶、航空器、机器设备等，也被列入了抵押的范畴。而知识产权、汇票、支票、本票、债券、存款单、仓单、提单、股份、股票等，则被纳入了质押的范畴。对于特殊的动产而言，因其具有"可登记性"，故不存在抵押登记的障碍；而对于权利，则因为存在特定的凭证，而融入了权利质权的范畴，人们可以通过控制权利凭证来控制权利本身，由此体现出质押的属性。

随着权利类型的迭代增加，一些新的财产性权利已经难以为权利质押所涵摄，❷ 例如，应收账款这类权利的权利凭证不是设权性权利凭证，换言之，

---

❶　特别是特殊动产的出现——汽车、船舶、航空器等，使得民事主体所有的动产在转移上不那么便利了，在价值上也大幅度提高。这一趋势与历史上的"动产"是存在一定区别的，它们符合动产的定义，但未必与固有的"动产"观念相一致。

❷　此外，还有某些虚拟财产，它甚至没有任何占据的实体凭证，如比特币、网络游戏中的虚拟财产等。这些权利只能以加密、权限管理等实际控制的方式占据。在可预见的将来，这种财产的数量和规模可能会越来越大，其进入担保领域是迟早的事情。

越来越多的新型权利实际上是无法被任何主体所占有的，而只存在"已实现"与"未实现"两种客观状态，此时"质押"已经逐渐失去了对于这种状态的解释力——对于根本无法占有的客体，也就无法以占有来公示，自然就无法实现所谓质押。此时，我们应当反思，为什么要选择占有作为一种公示的方式。以往，占有虽然不是所有，但是对于动产而言，占有特定物的人与实际拥有特定物的人在大多数情况下是高度重合的。如果特定的主体占有某一客体，那么可以很自然地认定该主体享有对于特定动产的物权性权利，法律予以确认，便也肯定了占有的公示效力。但在技术日益发达、市场经济愈加活跃，社会化大生产相互渗透的时代，占有与所有的关系变得日渐模糊。以"占有"来推定"所有"的误差越来越大，此时占有还能不能代表所有，能不能形成公示的法律效果，值得进一步商榷。

从所能够收集到的案例、论著和论文分析，目前理论和实践中对新型物权担保的争议焦点集中在新型物权担保的客体合法性、担保物权公示和少数类型的质权的合理性等问题上；在新型债权担保方面，争议相对较小，主要集中在是否具有物权效力、是否具有独立性、是否存在"流质""流押"等问题上。而在新型物权担保中，"质押"是新型物权担保的"常态"形式，当然，这些以权利为基础的抵押形态，到底是否应当被称为质押，仍有争议。实践中更多地将新型物权担保归为质押而非抵押。占有是质押的核心要件，想要构建新型物权担保的制度体系，就必须以占有为视角来全方位观察新型物权担保。但占有制度从某种意义上讲，难以胜任新型物权担保的公示任务。我们认为，占有正在逐步丧失作为合理的公示方式的地位。从合理性上看，占有不仅本身越来越难以反映所有关系，即占有与所有的分离越来越普遍，而且由于交付方式，特别是简单交付、占有改定、指示交付、拟制交付（视为交付）的情况越来越多见，当事人之间观测到的占有情况和按照生活常识、普通社会第三人能够观测到的现状已经出现了极大的偏差，多数情况下第三人其实根本无从得知交付的过程以及是否是实际占有。从替代性上看，以往认为登记是一种复杂的行政化的过程，登记意味着极高的行为成本。在信息技术蓬勃发展的今天，数字层面的财产特定化已经十分便捷，技术的发达使得特定财产的登记自动化、移动化、实时化。随着自动化登记系

统的构建，人们无须担心额外成本的付出，这种登记可能本身比占有、交付还要便捷。❶

综上所述，占有正在逐步丧失作为公示手段的价值，这意味着质押将从此成为法律历史上的一个名词。中国特色社会主义进入了发展新时代，在移动互联网领域我国已经步入国际前列。未来，可以设立统一担保登记系统，对于任何动产、不动产、权利进行在线自助登记。而对于是否需要转移占有的，当事人可以通过合同另行约定。通过废除抵押与质押的区别来设立统一化的担保权体系，彻底解决新型担保问题，激活和释放社会上各类资产在担保活动中的潜力，降低经济活动的运行成本，加速实现担保权利的透明化，持续优化我国营商环境，在为中小企业发展增信的同时，最大限度地降低恶意担保造成的社会风险。

第二节 论域界定

以新型担保为抓手，加速法治创新，通过构建担保新体系来为优化营商环境提供法治保障是本研究的主旨所在。中国特色社会主义进入新时代，尽管面临着国内外的多重风险和不确定性，我国依然经济活跃，市场广阔，在创新方面经历着史无前例的大发展。高度重视疫情过后营商环境的建设与优化，通过研究新型担保方面的裁判规则，优化促进和改进营商环境十分必要。本书主要围绕以下几个主题展开：

（1）新型担保兴起及其类型；

（2）新型担保的研究焦点；

（3）域外国家和地区在新型担保方面的经验借鉴；

（4）新型担保如何作用于营商环境的优化；

（5）新时代新型担保乃至担保制度展望。

---

❶ 可以对照日常中移动支付的普及来理解。曾经社会普遍认为线上购物、手机支付是多么复杂、多么危险的事情，但现在已经稀松平常了。网络支付的方便性已经远远超过了现金方式，而且其安全性也进一步提高。这也就意味着未来通过统一运营的线上担保登记系统也会同样便捷，并且不存在技术上的障碍。

　　放眼境外，德国、日本、韩国以及我国台湾地区的担保物权实践与美国统一商法典、联合国担保示范法反映了两条截然不同的担保物权发展进路。美国统一商法典、联合国担保示范法在担保规定上非常灵活，善于抓住问题的实质，突破了传统的物权模式，不再强调质权与抵押权、典型担保与非典型担保之分，赋予了商事主体以广泛的担保选择。德国、日本选择了继续发展传统物权法体系的进路，由于传统物权法体系根植于前信息时代的罗马法并加以深度发展，此种体系似乎已经快走到了尽头，局限性越来越明显，突出表现为在原有体系上修修补补，试图以更加复杂的法律概念和法律规则来填补其基本逻辑关系的不足，结果是使得物权担保体系高度复杂化，学派林立。但每一派观点都有其致命的硬伤，原因在于不敢打破原有的概念体系，忽视信息时代下社会交往方式的变化，依旧依恋于千年前的行为模式，最终可能走向死胡同。

　　但是，德国、日本的担保法治实践在不同程度上出现了停滞的趋势，根本原因在于他们与我国所面临的经济环境的极大不同。我国大众创新、万众创业，经济社会发展生机勃勃，新产品、新业态不断涌现，而德国、日本在工业化方面走在前列，但由于国内市场偏小、市场活力缺乏、互联网经济发展不活跃，已经在不同程度上陷入了经济停滞。一个停滞的经济体是不可能继续引领担保法治创新的。因此，传统上被认为属于大陆法系，但经济增长依然十分强劲的韩国，近年来颁布了《韩国动产质权担保法》，摒弃了传统大陆法系国家的做法，彻底走向了美国统一商法典、联合国担保示范法所确立的统一化担保体系，不再区分抵押与质押，不再对客体进行过度的限制，较好地适应了互联网经济新时代的发展要求。

　　自1997年党的十五大提出"依法治国"号召以来，我国法治事业飞速发展，"有法可依、有法必依、执法必严、违法必究"逐步在我国实践中得到贯彻，中国特色社会主义法律体系基本形成，政府与人民群众的遵法守法意识不断提升，我国法治事业经历了从无到有的过程。2012年，党的十八大报告中提出"科学立法、严格执法、公正司法、全民守法"新的16字方针，取代了原有的十六字方针，标志着我国的法治事业步入了新阶段。在立法领域，要求由"有法可依"升级为"科学立法"，伴随着社会主义法治体系的建设，我国对于立法、司法的重视逐步提档升格。在营商环境优化方面，特别是我国自贸区的实践中，矛盾的主要方面发生了深刻的转变。以往人们守法意识不强，违法失信行为多发，制约法治效果的主要方面在于人们的守法意识培养和法治精神的树立。经过深入的普法工作和法治实践工作，遵法守法意识愈加深入人心，良法之治成为更高的目标与要求。随着经济的高速发展，我国经济领域部分法律发展的相对滞后性逐步显现。在担保法治领域突出表现为对担保客体的规定上，法律对于担保客体规定得过严过死的问题已经逐步出现，在新型担保的问题上反映尤为明显。❶ 不断出现的新型担保因为法律的相对滞后才产生了法律效力上的不确定性，严重制约了新型担保为中小企业增信作用的发挥。❷ 因此，有必要采取针对性的举措予以应对。从

---

❶　早在 2010 年，《最高人民法院印发〈关于为加快经济发展方式转变提供司法保障和服务的若干意见〉的通知》便指出，妥善审理与经济结构调整相关案件，保障和服务经济结构优化和调整。依法审理各类投资纠纷案件，促进社会投资主体多元化，加强对中小投资者合法权益的平等保护，鼓励和引导资本向新能源、新材料、节能环保、生物医药、信息网络和高端制造产业转移；依法平等保护民营企业和国有企业合法权益，妥善审理相关案件，慎重采用财产保全和强制执行措施，促进民营企业和国有企业共同发展；依法支持合法的新型担保方式，正确认定此类合同的效力，促进解决中小企业融资难的问题；依法妥善审理涉及中小企业的案件，促进中小企业健康发展。准确把握民事纠纷与经济犯罪的界限，依法稳妥处理相关刑事案件。

❷　最高人民法院法官曾就此撰文指出：商事实践中，基于中小企业提供抵押或质押的有形财产不足的现实，出现了突破物权法所规定的担保财产的范围，将具有一定经济价值的其他财产性权益作为标的来设立物权担保，或者采用了物权法和担保法没有规定的新类型担保方式……遵循物权法定原则，物权的类型、客体和内容及效力均应由法律规定，因此，如其不能归入《物权法》第 180 条、第 223 条有关抵押财产、质押权利的范围的规定辐射之内，其并不具备物权效力。但从合同法的角度看，只要不违反法律、行政法规的禁止性规定，其在合同当事人之间的合同效力应予认可。对保理等立法未予作出专门规定的新类型担保方式，也可根据合同约定以及现行法关于债权转让问题的法律规定，确定当事人之间的权利义务关系，而并不当然导致合同无效。概言之，对新类型担保问题，虽未得到立法的明确认可，但按照效益优先、动态安全、尊重实践之商事审判理念要求，如其并未违反法律、行政法规的强制性规定，在不侵害第三人权益的前提下，对此类担保合同的合同效力本身，仍应认定其合法有效。这也是对金融创新保持适当宽容，促进金融业健康稳定发展的客观之需。李志刚．商事审判理念三论：本源、本体与实践［M］//最高人民法院民事审判第二庭．商事审判指导总第 37 辑．北京：人民法院出版社，2014：86-87．

短期来看，要建立科学合理的新型担保裁判规则体系，在现有法律规范框架下通过司法解释尽可能地实现新型担保的作用；从长远来看，应加快重构中国特色的担保物权体系，建立适应数字经济时代的高效统一的担保权规则。

第三节　研究方法

本书从司法实践中遇到的有关新型担保的现实问题着手，分析现行的新型担保相关法律制度所面临的困境，尝试提出相应的解决方案。采用定性与定量研究（大数据研究）、理论与实证研究、静态与动态研究相结合的方法，主要采用文献梳理和案例分析法。广泛收集梳理相关的文献资料，加强理论研究。

本书重视对大数据的利用。Alpha 智能法律系统是国内领先的法律领域大数据可视化应用，本书的数据可视化方面的图表和信息依靠该应用的强大功能。经过筛选，找到与新型担保有关的几十个具有高度关联的词语，并将这些词语输入 Alpha 系统进行合并检索。检索到的结果得以以非常直观的图表方式呈现，本书第三章将介绍新型担保在司法实践中的最新整体态势。依托 Alpha 系统给出的 5000 余份裁判文书，通过人工挑选找出了其中比较具有参考价值的 88 份裁判文书，并基于这些具有代表性的裁判文书分析了我国当前司法实践中对于各类新型担保的司法态度。可喜的是，尽管对于某些特定类型的新型担保在法律上缺乏明确的依据，但是大多数法院能够创造性地解释法律，有效地支持了新型担保的应用，取得了良好的社会效益，有利于优化营商环境，实现公平正义。

第四节　文献资料

本书所使用的文献资料主要来源于以下四个方面。

一、法律、法规、地方性法规、司法解释等规范性法律文件

新型担保问题属于新生事物，当事人能够从现行有效的法律规范中找到

一定依据。部分司法解释、司法政策对于新型担保问题亦有所涉及。本书主要引用《民法典》及其配套司法解释，但是在解读民法典生效前的案件时，我们仍参考《物权法》、《中华人民共和国担保法》（以下简称《担保法》）、《中华人民共和国合同法》（以下简称《合同法》）等已被废止的法律。

二、中央和地方政府的政策性文件

中央和地方政府高度关注民商事制度的完善和营商环境建设，《优化营商环境条例》于2020年1月1日正式生效，从某种程度上讲，营商环境的优化也已经进入"深水区"，优化的重心从提高政府公共服务的质量逐步转向对制度设计的深层优化。新型担保的相关法律制度和政策的运行需要政府部门持续推进。

三、人民法院依法公开的司法案例

中国裁判文书网是法学研究最重要的资源宝库之一。理论的抽象分析始终是干瘪的，将活生生的社会生活实践与法律结合起来才能让法学研究更有价值。通过裁判文书网数据库的海量案例研究司法判例，经过引擎与人工的多重挑选，我们选取了一些与本研究有高度关联的案例，试图由此总结和提升一线法律职业人员对新型担保的认识。

四、专著、期刊、硕博毕业论文等文献资料

文献资料包括而不限于物权法、诉讼法、营商环境等方面的研究，既有法学方面的文献，也有社会学等其他关联学科的文献。收集和阅读不同领域的文献资料，将有助于减少本研究在知识上的盲区。

第五节　框架结构

本书期望通过分析新型担保出现的原因，梳理新型担保的具体类型，论证新型担保实践中的合理性、合法性，对具体的新型担保进行法律解析；在

实践层面，通过大数据方法总结新型担保在司法实践中显现出来的特点，收集实践中具备代表性特点的典型判例，加以分析整理；在理论层面，结合国内外专家学者的研究，以优化营商环境这个背景为切入点，厘清新型担保与营商环境间的内在联系，针对完善新型担保裁判规则提出具有可操作性的建议。直面担保法实践中面临的问题，明晰新型担保的性质，拓宽新型担保应用，拓展担保法研究视野。

本书结构安排如下：第一章为导论，简要介绍了本研究的背景信息。第二章着重分析新型担保兴起的原因以及新型担保的具体类型，为后文的开展奠定基础。第三章从理论和实践两个层面，先分析新型担保到底面临哪些法律问题，随后转为关注我国新型担保在司法审判实践中的具体状况。第四章分析了域外不同国家和地区在新型担保方面的实践情况。期待能够以域外经验为我国的新型担保制度发展提供思路。第五章连接新型担保与营商环境，分别从中小企业融资、营商环境优化举措、司法功能实现和后疫情治理方面展开分析。第六章总结前文的精神，尝试为现阶段的新型担保制度完善提供建议。第七章放眼未来，以中长期的担保制度发展为视角，探讨未来的新型担保制度构建。

第二章 新型担保的兴起与类型

新型担保一方面在盘活资产、为中小企业发展融资和增信等方面发挥了巨大的作用，有助于改善营商环境，激发社会活力；另一方面，新出现的担保形式往往缺乏法律的规定，❶ 给司法审判实践带来了较大的困难，❷ 其合法性饱受研究者质疑，甚至造成法院司法认定相互矛盾和冲突，导致商事主体不愿、不敢使用新型担保方式。从新型担保方式自身来看，新型物权担保面临物权法定原则的严格限制，❸ 如何在尊重物权法定原则和对抵押权、质

---

❶　法律规定的模糊不是新型担保遇阻的唯一原因，新型担保本身的执行不便也是阻碍因素，但是这一因素可能也是缺乏法律规定导致。

❷　上海市高级人民法院《2014—2016 年度金融商事担保纠纷审判白皮书》中指出，"随着担保模式的不断创新以及担保物种类的不断丰富，相关规定滞后，无法充分满足金融商事担保创新的需求，同时，不利于金融风险管控。为有效防范金融商事担保风险，促进新型担保模式的发展，与担保相关的管理制度也亟须完善。目前陆续出台了一些有关担保业务管理的行政规章及规范性文件，行业协会及相关机构也制定了担保业务的操作规则，但上述规范性文件及业务规则在内容上欠缺系统性与全面性，效力上缺乏普适性和强行性，使得新型担保业务的开展仍缺乏规范与指引。审判实践中，在处理有关金融商事担保纠纷时面临一定的程序和实体难题。应尽快针对我国目前金融商事担保的现状，制定出调整新型担保法律关系的法律、司法解释和行政法规，为金融商事担保业务的创新发展提供有力的支持"。这表明新型担保的问题已经成为一个现实问题。

❸　2014 年，最高人民法院已在正式文件中指出新型担保与物权法定的潜在矛盾。在《最高人民法院关于依法平等保护非公有制经济促进非公有制经济健康发展的意见》中，最高人民法院要求正确认定民商事合同效力，保障非公有制经济的合法交易。要处理好意思自治与行政审批的关系，对法律、行政法规规定应当办理批准、登记等手续生效的合同，应当允许当事人在判决前补办批准、登记手续，尽量促使合同合法有效。要正确理解和适用《合同法》第 52 条关于无效合同的规定，严格限制认定合同无效的范围。对故意不履行报批手续、恶意违约的当事人，依法严格追究其法律责任，保护守信方的合法权益。要依法审理涉及非公有制经济主体的金融借款、融资租赁、民间借贷等案件，依法支持非公有制经济主体多渠道融资。要根据物权法定原则的最新发展，正确认定新型担保合同的法律效力，助力提升非公有制经济主体的融资担保能力。

权的客体规定之间开辟一条合适的进路，为新型物权担保找到恰当的法律依据，是我们面临的重要课题；新型债权担保则面临担保合同独立性问题、让与担保与流质禁止问题等限制，这些问题亟须通过合理的法律解释来厘清，以禁止不合理的违法的担保方式，同时依法认定并保障合法的担保方式。担保制度是我国民商法中的基础性制度，对于双循环格局下市场主体营商环境建设具有重大意义，只有消除新型担保面临的法律困境，理顺新型担保的运行机制，才能在社会主义新时代更好地发挥担保制度的独特价值，借助司法功能促进中小企业发展和营商环境改善。

第一节　担保与担保制度

担保是指当事人根据法律规定或者双方约定，为促使债务人履行债务、实现债权人的权利的法律制度。我国《民法典》规定，债权人在借贷、买卖等民事活动中，为保障实现其债权，需要担保的，可以依照本法和其他法律的规定设定担保。担保方式为保证、抵押、质押、留置和定金。第三人为债务人向债权人提供担保时，可以要求债务人提供反担保。担保合同是主合同的从合同，主合同无效，担保合同无效。担保合同另有约定的除外。按照法律规定，担保合同被确认无效后，债务人、担保人、债权人有过错的，应当根据其过错各自承担相应的民事责任。

我国《民法典》以及原《物权法》、原《担保法》、原《合同法》等法律及其配套法规、司法解释为民商事主体的担保提供了广泛的担保形式选择。一般认为，我国法定的担保方式有 5 种：保证担保、定金担保、抵押担保、质押担保、留置担保。担保的形式是法定的，当事人不能任意创设新的担保方式。从担保范围来看，当事人有权约定担保的范围，若无约定或者约定不明确的，担保范围涵盖主债权及利息、违约金、损害赔偿金、担保物保管费用（若有）和实现权利的费用。从法律属性上看，担保法律行为本身是非营利性的、无偿性的、单方性的，然而在社会实践中，商业性担保不断发展，担保人与债务人之间往往以其他的形式存在商事交易，但这一点也不影响担保法律行为本身的属性。从法律效力上看，保证担保和定金担保属于债权担保，不具备优先受偿权；而抵押担保、质押担保、留置担保则属于物权担保，具有优先受偿权。新型担保根源于我国的现有担保制度，没有对现行担保制度产生根本性的突破。从担保方式看，新型担保主要依托传统担保中的保证担保与质押担保；从担保的范围上看，新型担保与传统担保并无区别。

一、保　证

在民商事活动中，保证是最为常用的一种担保方式。所谓保证，是指保证人和债权人约定，当债务人不履行债务时，保证人按照约定履行债务或者承担责任的行为。具有代为清偿债务能力的法人、其他组织或者公民，可以作保证人。但在标的额较大的保证活动中，由于担保的标的额较大，保证人往往是银行，也有信用度较高的其他担保人，如担保公司。银行出具的保证通常称为保函，其他保证人出具的书面保证一般称为保证书。

保证人是保证义务的承担者，机关法人不得为保证人，但是经国务院批准为使用外国政府或者国际经济组织贷款进行转贷的除外。以公益为目的的非营利法人、非法人组织不得为保证人。

保证的方式有两种：一般保证与连带责任保证。当事人在保证合同中约定，债务人不能履行债务时，由保证人承担保证责任的，为一般保证。一般保证的保证人在主合同纠纷未经审判或者仲裁，并就债务人财产依法强制执行仍不能履行债务前，有权拒绝向债权人承担保证责任，但是有下列情形之一的除外：（1）债务人下落不明，且无财产可供执行；（2）人民法院已经受理债务人破产案件；（3）债权人有证据证明债务人的财产不足以履行全部债务或者丧失履行债务能力；（4）保证人书面表示放弃本款规定的权利。当事人在保证合同中约定保证人与债务人对债务承担连带责任的，为连带责任保证。连带责任保证的债务人在主合同规定的债务履行期届满没有履行债务的，债权人可以要求债务人履行债务，也可以要求保证人在其保证范围内承担保证责任当事人在保证合同中对保证方式没有约定或者约定不明确的，按照一般保证承担保证承担。

当事人可以订立保证合同，保证合同是为保障债权的实现，保证人和债权人约定，当债务人不履行到期债务或者发生当事人约定的情形时，保证人履行债务或者承担责任的合同。保证合同是主债权债务合同的从合同。主债权债务合同无效的，保证合同无效，但是法律另有规定的除外。保证合同被确认无效后，债务人、保证人、债权人有过错的，应当根据其过错各自承担相应的民事责任。保证合同的内容一般包括被保证的主债权的种类、数额，债务人履行债务的期限、方式、范围和期间等条款。

二、抵　　押

按照《民法典》之规定，为担保债务的履行，债务人或者第三人不转移财产的占有，将该财产抵押给债权人的，债务人不履行到期债务或者发生当事人约定的实现抵押权的情形，债权人有权就该财产优先受偿。提供抵押财产的债务人或者第三人为抵押人，债权人为抵押权人，提供担保的财产为抵押财产。债务人或者第三人提供担保的财产为抵押物。由于抵押物是不转移其占有的，因此能够成为抵押物的财产必须具备一定的条件：这类财产轻易不会灭失，其所有权的转移应当经过特定的程序。

在我国，允许抵押的财产包括：债务人或者第三人有权处分的下列财产：（1）建筑物和其他土地附着物；（2）建设用地使用权；（3）海域使用权；（4）生产设备、原材料、半成品、产品；（5）正在建造的建筑物、船舶、航空器；（6）交通运输工具；（7）法律、行政法规未禁止抵押的其他财产。抵押人可以将上述所列财产一并抵押。下列财产不得抵押：（1）土地所有权；（2）宅基地、自留地、自留山等集体所有土地的使用权，但是法律规定可以抵押的除外；（3）学校、幼儿园、医疗机构等为公益目的成立的非营利法人的教育设施、医疗卫生设施和其他公益设施；（4）所有权、使用权不明或者有争议的财产；（5）依法被查封、扣押、监管的财产；（6）法律、行政法规规定不得抵押的其他财产。

抵押担保的范围包括主债权及利息、违约金损害赔偿金和实现抵押权的费用。当事人也可以在抵押合同中约定抵押担保的范围，抵押人有义务妥善保管抵押物并保证其价值。抵押期间，抵押人经抵押权人同意转让抵押财产的，应当将转让所得的价款向抵押权人提前清偿债务或者提存。转让的价款超过债权数额的部分归抵押人所有，不足部分由债务人清偿。抵押期间，抵押人未经抵押权人同意不得转让抵押财产，但受让人代为清偿债务消灭抵押权的除外。抵押人的行为足以使抵押财产价值减少的，抵押权人有权要求抵押人停止其行为。抵押权与其担保的债权同时存在。抵押权不得与债权分离而单独转让或者作为其他债权的担保。债务人不履行到期债务或者发生当事人约定的实现抵押权的情形，抵押权人可以与抵押人协议以抵押财产折价或者以拍卖、变卖该抵押财产所得的价款优先受偿。抵押权人与抵押人未就抵押权实现方式达成协议的，抵押权人可以请求人民法院拍卖、变卖抵押财产。抵押财产折价或者变卖的，应当参照市场价格。抵押财产折价或者拍卖、变卖后，其价款超过债权数额的部分归抵押人所有，不足部分由债务人清偿。

三、质　　押

质押是指债务人或者第三人将其动产或权利移交债权人占有，将该动产或权利作为债权的担保。债务人不履行债务时，债权人有权依照法律规定以该动产或权利折价或者以拍卖变卖该动产或权利的价款优先受偿。

质权是一种约定的担保物权，以转移占有为特征。债务人或者第三人为出质人，债权人将移交的动产或权利为质物。质押分为动产质押和权利质押。动产质押是指债务人或者第三人将其动产移交债权人占有，将该动产作为债权的担保法律，行政法规禁止转让的动产不得出质。质权自出质人交付质押财产时设立。权利质押一般是将权利凭证交付质押人的担保。可以质押的权利包括：（1）汇票、本票、支票；（2）债券、存款单；（3）仓单、提单；（4）可以转让的基金份额、股权；（5）可以转让的注册商标专用权、专利权、著作权等知识产权中的财产权；（6）现有的以及将有的应收账款；（7）法律、行政法规规定可以出质的其他财产权利。以汇票、本票、支票、债券、存款单、仓单、提单出质的，质权自权利凭证交付质权人时设立；没有权利凭证的，质权自办理出质登记时设立。法律另有规定的，依照其规定。

四、留　置

留置是指债权人按照合同约定占有债务人的动产，债务人不按照合同约定的期限履行债务的，债权人有权依照法律规定留置该财产，以该财产折价或者以拍卖、变卖该财产的价款优先受偿。《民法典》规定，留置权人与债务人应当约定留置财产后的债务履行期限；没有约定或者约定不明确的，留置权人应当给债务人60日以上履行债务的期限，但是鲜活易腐等不易保管的动产除外。债务人逾期未履行的，留置权人可以与债务人协议以留置财产折价，也可以就拍卖、变卖留置财产所得的价款优先受偿。留置权人负有妥善保管留置物的义务。因保管不善致使留置物灭失或者毁损的，留置权人应当承担民事责任。

五、定　金

《民法典》规定，当事人可以约定一方向对方给付定金作为债权的担保。定金合同自实际交付定金时成立。债务人履行债务的，定金应当抵作价款或者收回。给付定金的一方不履行债务或者履行债务不符合约定，致使不能实现合同目的的，无权请求返还定金；收受定金的一方不履行债务或者履行债务不符合约定，致使不能实现合同目的的，应当双倍返还定金。定金的数额由当事人约定，但不得超过主合同标的额的20%，超过部分不产生定金的效力。实际交付的定金数额多于或者少于约定数额的，视为变更约定的定金数额。

第二节　新型担保

从社会需求视角看，新型担保是我国商事主体特别是中小企业为了自身融资和发展的需要，创造性地利用物权法、担保法、合同法等法律规定而使用的一系列新型担保措施。新型担保的出现原因在于商事活动中的相对超前和商事规则发展的相对滞后，使得新型担保的实践活动从开始就游离于合法与非法之灰色地带。相比传统担保形态，新型担保有其创新与突破，但新型担保作用的发挥仍然是以传统担保形态作为依托的。要充分发挥新型担保化解中小企业融资桎梏的作用，必须直面新型担保的模糊性，进而是合法性问题。

一、技术市场发展催生新型担保

中小企业是市场最为活跃的商事主体。为社会提供了大量的就业机会，极大地提升了市场活力，为提高人民群众的生活水平做出了不可替代的贡献。但中小企业面临着营商环境较差，融资难、融资贵等问题。如何恰当地运用司法的力量助力营商环境改善，进而破解中小企业融资难、融资贵的问题。司法力量是促进营商环境改善的一个重要突破口。正确认识和评价新型担保，可以为新型担保实践提供必要的司法指引。

新型担保的出现为中小企业解决融资问题、增信问题提供了解决方案。❶对于新型担保的出现，从社会发展的角度来看，是我国商事交易不断发展创新的结果，体现了人民群众的首创精神；从法律法治的角度来看，新型担保是当前的融资需求与我国担保制度存在一定兼容性冲突而产生的现象。新型担保制度反映了社会商事实践活动快速发展与担保法律制度的立法与司法相对滞后的矛盾。只有及时地为新型担保的合法性或违法性提供明确的指引，消除新型担保制度下的灰色空间，才能最大限度地发挥新型担保促进营商环境优化和中小企业发展的作用，才能最大限度地抑制新型担保中的违法因素、维护公平正义、保障交易安全、实现裁判尺度的统一。

随着经济社会的高速发展，新型财产权层出不穷，新型担保权也不断出现。❷ 结合《民法典》以及配套司法解释、最高人民法院新担保类型研

---

❶　新型担保中的大多数都有标的额较小的特点，这一特点使得许多新型担保对于大型企业缺乏吸引力。因此，完善新型担保制度，受益更多的是小微企业。

❷　新型财产权和新型担保的发展呈现出相辅相成的特点，对新型财产权的鼓励也就意味着对新型担保的鼓励。天津市高级人民法院在《天津高院关于充分发挥审判职能作用依法保护产权的实施意见》中指出，要依法保护各类市场主体的股权、债权和其他新型财产权益。依法审理股东资格确认、股东知情权、利润分配请求权、优先购买权等案件，维护各类投资主体的股东权益。妥善审理买卖、借款、租赁、担保等合同类纠纷案件，依法保护各类债权。合理确定产权保护边界，维护市场主体的环境生态权、信息资源权、新类型担保物权等新型财产权益。

究小组的成果与我国当前司法审判实践，我们认为新型担保可以划分为两大板块：新型物权担保与新型债权担保。新型物权担保是指：商铺租赁权质押、出租车经营权质押、理财产品质押、保单质押、排污权担保、存货动态质押、金钱质押等，其基础法律关系是基于债，但其设立希望能够发生物权上的效力，获得优先受偿权，它们的法律关系相对简单，担保的法律关系结构与传统担保形态没有本质区别，其争议主要集中在这些担保是否应当纳入物权法体系；而新型债权担保与新型物权担保不同，主要包括保付代理、让与担保、独立保证、附条件返租协议、具有担保功能的银行金融业务、所有权转让式信用安排等，其本身不追求优先受偿权，而是通过较为复杂的法律关系的结构设计，达到担保效果，常常伴随有金融属性。新型债权担保受到的质疑是多方面的，但对于新型债权担保的批评并不激烈，主要涉及如何理解适用合同法与国际商事习惯国内化等相关问题。由此，需要对这些具体的新型担保形态进行法律关系上的解析与法律风险上的识别。

二、新型担保之"新"

作为社会主义市场经济不断发展的产物，新型担保具有创新性、实效性、商业性、模糊性四大特点。

1. 创 新 性

创新性包括以下三个方面的内容。一是担保基础的扩大化。传统物权担保制度的担保基础一般为动产、不动产、知识产权、股权、有价证券，而新型担保将其扩大至租赁经营权、理财产品、保证金、保单、排污权等具备财产属性的权利上。二是担保物的虚拟化。例如，租赁经营权基于租赁合同项下的使用权，而此使用权又源于商业性不动产所有权人（或用益物权人）的所有权（或用益物权）。三是新型担保制度安排上有别于传统担保。例如，独立担保否认了担保合同与主合同之间的主从合同关系，存货动态质押则运用了动产浮动抵押的某些机制，但形态由抵押转化为质押。

2. 实 效 性

新型担保与传统担保相同，具备相应的担保的实际效果，能够起到保障主债权实现的作用。但相对传统担保形态而言，新型担保的实现机制可能还存在法律上的一些阻碍，可以探讨对物权法定做软化解释。

3. 商 业 性

新型担保的商业性体现为新型担保往往用于商事活动，与商主体的生产经营密不可分，而新型担保通过法律关系上的优化设计，为商主体的融资活动与金融机构的风险防范提供了一定的便利，有助于中小企业融资。

4. 模 糊 性

新型担保的模糊性是由于部分新型担保当前缺乏正面的法律意义上的肯定，因此使其法律效力处于模糊地带。这些模糊地带引发了广泛的争论，主要集中在新型担保的客体是否合法、担保方式是否合法、公示行为是否有效等问题上。

综上而言，新型担保的创新性和实效性符合社会主义市场经济发展的方向，值得关注和推动，但其模糊性放大了新型担保无法得到法律保护的风险，一定程度上限制了新型担保的应用范围。也正因如此，研究如何运用司法手段，及时厘清、甄别千姿百态、层出不穷的新担保形态，识别和禁止违法担保行为，为保护创造性的担保方式提供了研究空间。

第三节　新型物权担保

新型物权担保是新型担保中的大类，是指那些要求优先受偿权的新型担保形式，包括租赁权质押担保、出租车经营权质押担保（某些情况下被称为出租车经营权抵押）、理财产品质押、保单质押、金钱质押、排污权担保（既有抵押也有质押）、收费权质押、存货动态质押这八种具体形态。在分析这八种具体新型物权担保类型之前，首先要厘清抵押与质押在新型物权担保上的适用问题。在担保的形式层面，新型物权担保可以进一步细分为三类：第一类为在具体权利设置的担保，包含租赁权质押和出租车经营权质押两种情形，其特点在于质押的客体是虚拟化的、非基础性的债权，行使相关权利不能绕开基础性的权利人；第二类为具备货币属性的质押，包括理财产品质押担保、保单质押担保、金钱质押担保、排污权担保、收费权质押这五种形态，此五种形态的质押客体本身具备一定的流动性，其客体本身体现了获取的对价，例如，理财产品存在本金、保单存在现金价值等，这些客体与应收账款质押存在一定的相似性；第三类为新类型质押，目前只包含存货动态质押。它将动产浮动抵押的运行机制引入质押之中，此种质押目前缺乏明确的法律依据。

一、抵押与质押

新型担保形态多样，种类繁多。从现有司法实践来看，许多行为人常常将抵押与质押混淆处理。但抵押和质押有着本质的区别，无论在行为模式上、生效条件上，还是在担保规则上都存在一定的区别。从下列新型物权担保的形态可以看出，这些新型担保实际上多半是新型质押，而不是新型抵押。我国《民法典·物权编》在对抵押和质押的规定中，对所允许的抵押或质押的抵押物、质押物范围，均作了开放性的规定。法律没有禁止的财产，依法可以抵押；法律、行政法规允许出质的其他权利，依法可以质押。抵押与质押的根本区别在于是否转移财产的占有，以及因此而引发的保管与处置问题。

从抵押制度的角度来看，我国抵押制度的规定虽然是开放性的，但其中允许抵押的财产以不动产、具有特殊性（须登记）的动产为主，浮动抵押制度是我国吸收境外国家或地区的经验而产生的一种抵押的例外。原则上抵押物应当是不动产和需要登记的特殊动产。登记制度的存在使得财产的产权归属较为清晰，也使得这些财产的抵押登记十分便利，即无须转移财产的占有，也能实现抵押权人对财产的有效控制，产生担保效果。而从质押制度的视角来看，质押的财产一般为动产和权利，本身具有易于转移的特点，除直接管理控制的权利人以外，其他人不易观察，也不易介入，唯有转移对这些财产的占有，才能够实现担保效果。由此看来，新型物权担保所涉及的权利，都具备这样的特点，符合质押制度所要求的特征。以出租车经营权为例，出租车经营权能够产生稳定的收益，但这种收益的获取需要当事人双方、多方的配合才能够实现，而不能仅仅依靠登记，正因如此，基于债权而产生的新型担保形态更符合质押制度的特征，而与抵押制度在担保实现原理上的存在是冲突的，司法实践对此也有印证。我们以"经营权抵押"为关键词检索裁判文书网，发现的相关裁判文书往往与商铺租赁权"抵押"没有实际关系，有的是当事人使用非法律术语导致的，而在以"租赁权质押"为关键词所检索到的裁判文书中，对相关权利的质押则有充分的讨论。

抵押与质押在一定条件下也可能出现交叉。针对特殊类型的动产，例如汽车、航空器等，既可以依照抵押权的相关规定设置抵押，也可以依照质押权的相关规定设置质押。《担保法解释》第 79 条规定，同一财产法定登记的抵押权与质权并存时，抵押权人优先于质权人受偿。照此规定，抵押权优先受偿。但按照原《物权法》的规定，抵押与质押并无顺序上的优先（民法典亦如此）。实践中此类问题一度缺乏权威解释。直到 2019 年的《全国法院民商事审判工作会议纪要》（以下简称《九民会议纪要》）才找到依据予以确定，同一动产上同时设立质权和抵押权的，应当参照适用《物权法》第 199 条的规定，根据是否完成公示以及公示先后情况来确定清偿顺序：质权有效设立、抵押权办理了抵押登记的，按照公示先后确定清偿顺序；顺序相同的，按照债权比例清偿；质权有效设立，抵押权未办理抵押登记的，质权优先于抵押权；质权未有效设立，抵押权未办理抵押登记的，因此时抵押权已经有效设立，故抵押权优先受偿。

从发展趋势来看，随着新型权利的不断扩张，对于权利的占有与交付会越来越困难，抵押与质押的区分最终将模糊化。

二、租赁权质押

租赁权在传统上一般被当作债权来对待。但由于租赁者作为特定财产的直接使用者，租赁关系的稳定性事关我国社会基本经济秩序的稳定。因此各国普遍突破合同的相对性，对于租赁权予以各种形式的特殊保护。从某种意义上讲，租赁权已经不再是一种绝对的债权了，它具备越来越多的社会属性、政策属性。由于租赁权常常是以占据一定的流动资金（租金、押金）为代价的，因此租赁权能够被有效计价，本身也可以在一定的条件下转移。考虑到我国城市商圈型业态的蓬勃发展，租赁权的流动性比以往有了较大幅度的提高。因此，租赁权可能会是一种潜在的良好效能的担保物。甚至在民法典生效后，我国创造性地设置了居住权制度，与租赁权遥相呼应。

租赁权质押，有时也称作经营权质押，是指出质人提供商铺、厂房等不动产的一定期限内的租赁权作为担保，在质权人的债权到期无法得到实现时，质权人有权将该租赁权直接拍卖、变卖，从而实现其债权的担保方式。租赁权质押的法律关系较为简单，主要涉及三方至四方主体，分别为租赁合同法律关系下的出租人与承租人、债权债务关系下的债务人与债务人、质押合同法律关系和质押物权法律关系下的出质人与质权人。这种形态之所以被认为是租赁权的质押，而非租赁权的抵押，理由在于担保物的性质为财产的"将来"使用权，这种权利没有在当前被使用，而是实际上可以通过与出租人的协商而实现被质权人所控制的效果的，质权人实质性地转移了对于"将来"使用权的占有，特殊之处仅体现在质权人所占有的"将来"使用权的具体时长处于变化之中，权利的管理可以由出租人实现，从而使得质权人间接占有了"将来"使用权。

租赁权质押的担保逻辑十分清晰，出质人已向质权关系外的第三方预付租金，从而获取了一定期限的使用权，该使用权具备财产属性，具有拍卖和变卖的可能性，从而在一定程度上提高了对债权人之债权的保障力度，而债务人则使得自己尚未使用的闲置"将来使用权"这一财产被盘活，得以充分利用已支付租金，不增加实际负担，实现了增信的效果。在物权公示层面，租赁权质押通过占有与登记相结合（实质是占有）的方式来实现公示，质权人通过在出租人处登记的方式来实现对于"将来"使用权的间接控制。

从出租人的角度来看，出租人仅仅增加了登记的义务和管理之职责，管理职责与其本身作为出租人的职责是重合的，因此不仅没有增加出租人的额外风险与负担，反而还增加了租赁标的物在租赁层面上的流动性，对于出租人具有一定的商业意义。从承租人、出质人的角度来看，其预付的租金不仅获得了相应的使用权，还为其增加了信用，可谓一举两得。设立租赁权质押也没有为出质人增加额外的风险。从质权人、债权人的角度来看，虽然租赁权质押增信幅度相对有限，而且可能存在难以变现的风险，但是从商业上看，担保必然是越多越好，每增加一项租赁权担保，便也为债权的实现提高了一分可能性。从以上法律关系以外的第三人来看，赋予质押权人以优先权，的确会在一定程度上损害其经济利益，在司法实务中，预付租金由于已经转化为对租赁物的"将来"使用权，本身已难以变现，同时还可能面临着变现产生的额外违约成本，因此不会对案外人的利益造成额外的损害。

三、出租车经营权质押

出租车经营权是指经政府特许，经营者取得有期限从事出租车行业经营活动的权利。出租车经营权质押，是指出质人（往往为出租车运营公司）提供出租车经营权作为担保，在质权人的债权到期无法得到实现时，质权人有权将该经营权直接拍卖、变卖，从而实现其债权的担保方式。出租车经营权质押的法律关系也较为简单，主要涉及两方主体，分别为债权债务关系下的债权人与债务人、质押合同法律关系和质押物权法律关系下的出质人与质权人。此外，在实践中，出租车经营权质押的登记机构往往为当地车辆管理部门。出租车经营权质押是新型财产权和出租车运营公司特殊经营模式所造成的结果。运营车辆涉及两个主要权利：一个是车辆的所有权，另一个是车辆的运营权，由于出租车运营公司往往具有一定的国资背景或政府背景，其在出租车运营公司与出租车驾驶员之间的法律关系上处于天然的强势地位。《巡游出租汽车经营服务管理规定》第5条规定，"国家鼓励巡游出租汽车实行规模化、集约化、公司化经营"，因此出租汽车公司的核心财产权利不是对相应车辆的所有权，而是具有特许性质的车辆运营权，车辆营运权作为特许权利，具有一定的排他性，具备相应的财产价值。

原建设部《城市公共客运交通经营权有偿出让和转让的若干规定》第2条规定："城市公共客运交通（包括公共汽车、电车、地铁、轻轨、出租汽车、轮渡等）经营权有偿出让（以下简称经营权有偿出让），是指政府以所有者的身份，将城市公共客运交通经营权在一定期限内有偿出让给经营者的行为；城市公共客运交通经营权有偿转让是指获得经营权的经营者将经营权再转移的行为。"由此可见，出租车经营权的本源性权利归政府所有，出租车营运公司的出租车经营权具有有限性的特点。出租车经营权质押的担保逻辑为：出租车营运公司已向政府支付了购买出租车一定时间内运营权的费用，而营运权本身也可以产生财产收益，因此该费用的预付和该权利的稀缺性、增值性赋予了出租车营运权以财产属性，具有拍卖和变卖的可能性，从而在一定程度上提高了对出租车营运公司之债权的保障力度。在物权公示层面，租赁权质押通过占有相关证照、在车辆管理机构进行登记的方式来实现公示，实现了质权人对经营权的管控。由于各地出租车运营管理的模式存在较大的差异，各地模式不同，相应的法律关系和法律风险也存在一定的区别。

从历史的视角来看，出租车经营权的出现有其鲜明的时代性。一方面，出租车经营是否是关乎城市的基本公共客运交通需要值得怀疑；另一方面，许多国家和地区采取了与我国截然不同的出租车运营模式，似乎也能保证城市公共交通的稳定运行。据此，继续对出租车营运权进行集中出售的必要性就值得商榷，而且，近年来各地蓬勃发展的网约车已经对传统出租车行业产生强大的竞争压力，基于传统模式的出租车经营权受到了巨大的市场冲击。不论是从促进共享经济的发展来看，还是从进一步合理放开市场竞争的角度来考量，将出租车经营权垄断后个别售卖的行为都与不断发展的时代潮流格格不入。

四、理财产品、保单、金钱质押

随着我国金融市场和金融科技的发展，品种多样的金融产品已经渗入我国经济社会的方方面面。购买理财产品、保险产品成为越来越多民众的选择。理财产品、保险产品和货币的质押都是在我国现行《民法典·物权编》中没有明确提及的质押方式。

理财产品质押表现模式是，主体向银行金融机构购买特定类型与金额的理财产品，随后该主体为了获得银行贷款，以该理财产品作为质物担保获取相关贷款。该银行将会对该理财产品的质押做出登记，禁止该主体转让该理财产品，若该主体不能按照合同的约定定期返还贷款，则银行有权将该理财产品折价变现处理，并获得对于该项理财产品变现价值的优先受偿权的质押形态。理财产品质押对于企业和居民个人均有重要的意义，它允许企业在享受投资收益的同时，又通过贷款的方式获取一定的资金，从而实现同时占有投资收益和资金的效果，但也要承担投资理财产品亏损的商业风险，同时也会导致投资收益被贷款利息侵蚀，但能够缓解其突然性的资金需求，有利于其资金的合理安排；从银行的角度来看，银行既是理财产品的出售者，又是该理财产品的质押权利人，在做好对该理财产品的登记管理后，能够有效降低该笔贷款的商业风险，有助于与客户建立长久的金融服务关系；此外，由于该项理财产品的出售和质押登记管理均由银行承担，该质押行为的共识不易出现内外不一致的情况。

而保单质押特指以人寿保险、分红保险等作为质物的质押行为，保单质押的目的多为获取贷款。保单质押贷款是投保人把所持有的保单直接抵押给保险公司，按照保单现金价值的一定比例获得资金的一种融资方式。若借款人到期不能履行债务，当贷款本息积累到退保现金价值时，保险公司有权终止保险合同。寿险展业过程中，在险种条款里加入保单质押贷款的情况越来越普遍。对寿险公司而言，保单质押贷款在投资资产组合中的作用越来越受重视。保单本身必须具有现金价值。人身保险合同分为两类：一类是医疗费用保险和意外伤害保险合同，此类合同属于损失补偿性合同，与财产保险合同一样，不可以作为质押物；另一类是具有储蓄功能的养老保险、投资分红型保险及年金保险等人寿保险合同，此类合同只要投保人缴纳保费超过一年，人寿保险单就具有了一定的现金价值，保单持有人可以随时要求保险公司返还部分现金价值以实现债权，这类保单作为质押物一般为社会所接受。当前，我国保单质押贷款的期限较短，一般最多不超过 6 个月，最高贷款余额也不超过保单现金价值的一定比例，这个比例各个保险公司有不同的规定，一般为 70%～90%。期满后若未及时归还贷款，一旦借款本息超过保单现金价值，保单将永久失效。

金钱质押是指以一定数额的货币作为质押物的质押方式。目前已有相关司法解释予以调整。《最高人民法院关于人民法院能否对信用证开证保证金采取冻结和扣划措施问题的规定（2020 年修正）》（法释〔1997〕4 号）第 1 条："人民法院在审理或执行案件时，依法可以对信用证开证保证金采取冻结措施，但不得扣划。如果当事人、开证银行认为人民法院冻结和扣划的某项资金属于信用证开证保证金的，应当依法提出异议并提供有关证据予以证明……"《最高人民法院、中国人民银行关于依法规范人民法院执行和金融机构协助执行的通知》（法发〔2000〕21 号）第 9 条："人民法院依法可以对银行承兑汇票保证金采取冻结措施，但不得扣划。如果金融机构已对汇票承兑或者已对外付款，根据金融机构的申请，人民法院应当解除对银行承兑汇票保证金相应部分的冻结措施；银行承兑汇票保证金已丧失保证金功能时，人民法院可以依法采取扣划措施。"最高人民法院上述司法解释表明，我国审判机关对特定化后的保证金质押，例如信用证开证保证金、银行承兑汇票保证金等持肯定态度，保证金可以出质。虽然金钱质押的方式已经得到了司法解释的认可，但目前仍未得到法律、行政法规的确认。金钱是种类物，是一种特殊的物，取得占有即取得了所有权，这一点与其他的质押形式存在极大的区别。金钱质押在转移占有的同时转移了所有权，显然有悖于动产质押的原则。但是，如果将金钱特定化，如"特户""封金"等形式，使之成为"特定物"，金钱便可以成为质权的标的物了。所以，保证金质押除了应具备民事法律行为的一般要件外，还应满足以下条件：一是作为保证金的金钱必须特定化；二是存放在账户内的金钱必须移交贷款银行占有。质权白质物转移质权人占有时设立。

五、排污权担保

排污权是排放污染物的权利。是指排放者在环境保护监督管理部门分配的额度内，允许排污单位在一定范围内排放污染物的种类和数量。排污权交易作为以市场为基础的经济制度安排，它对企业的经济激励在于排污权的卖出方。由于超量减排而使排污权剩余，之后通过出售剩余排污权获得经济回报，这实质是以市场手段对企业通过技术进步减少污染行为的补偿。买方由于新增排污权不得不付出代价，其支出的费用实质上是激励。排污权交易制度的意义在于它可使企业为自身的利益提高治污的积极性，使污染总量控制目标真正得以实现。这就使治污从政府的强制行为变为企业自觉的市场行为，其交易也从政府与企业行政交易变成市场的经济交易。可以说排污权交易制度不失为实行总量控制的有效手段。国务院办公厅于 2014 年 8 月 6 日印发《国务院办公厅关于进一步推进排污权有偿使用和交易试点工作的指导意见》(国办发〔2014〕38 号)，这意味着起源于美国的排污权交易制度在我国开始落地生根。由此，既然允许排污权进行有偿使用和交易，这赋予了排污权财产属性，因此排污权的担保也应运而生。

碳排放权与排污权在权利结构上极为相似。

一是与排污权的功能相近。碳排放权是指分配给碳交易纳入企业在使用期内的碳排放配额。碳排放权交易主要是指在相关核定的区域内，核定一定时限范围之内温室气体二氧化碳的排放总量，由主管部门通过配额或排污许可证的形式分配给个体或企业组织，给予碳排放的权利。赋予此等权利在市场参与者之间进行交易，企业之间通过减排和配额交易，以成本效益最优的方式实现碳减排，发挥市场在资源配置中的决定性作用，确保碳实际排放不超过限定的排放总量。

二是权利形成相似。都是由经过经济政策的演变上升为法律。2011年10月国家发展改革委印发《关于开展碳排放权交易试点工作的通知》，批准北京、上海、天津、重庆、湖北、广东和深圳等七省市开展碳交易试点工作，2013年6月18日，深圳碳排放权交易市场在全国七家试点省市中率先启动交易。2021年2月1日生态环境部部务会议审议开始施行《碳排放权交易管理办法（试行）》。2021年7月16日全国碳排放权交易开市。碳排放权交易从制度设计、数据核查、配额分配、机构建设等进展顺利。

三是权利属性相似。碳排放权作为一种新型权利，可以进行抵押和质押。控排企业可以将自身获得的碳排放权进行担保，通过抵押或者质押的方式获得金融机构融资，催生碳排放权抵质押融资模式。在碳交易机制下，碳排放权有明确的市场价值，可以发挥担保增信功能。已成为目前国内碳金融领域落地相对较多的一种融资方式。

四是应用前景相似。碳排放权质押贷款业务抵押贷款业务开始在我国出现。2014年，湖北省发改委等相关部门向湖北宜化集团及下属子公司核定发放碳配额400万吨，配额市值8000万元。同年9月9日，兴业银行武汉分行、湖北碳排放权交易中心和湖北宜化集团有限责任公司（以下简称"宜化集团"）三方签署了碳排放权质押贷款和碳金融战略合作协议，宜化集团利用自有的210.9万吨碳排放配额在碳金融市场获得兴业银行4000万元质押贷款，该笔业务单纯以国内碳排放权配额作为质押担保，无其他抵押担保条件，这是我国第一笔碳配额质押贷款业务。2014年12月24日，国内第一单碳排放配额抵押融资业务出现在广州大学城。广州大学城华电新能源公司以广东省碳排放配额获得浦发银行 500 万元的碳配额抵押绿色融资。广东省碳排放交易所配合广东省发改委出具广东碳配额所有权证明，广东省碳排放配额注册登记系统进行线上抵押登记、冻结，并发布抵押登记公告。

2021 年，我国金融业加大对外开放力度进一步加强，全国碳排放权交易开市，外资企业更加积极参与我国的碳排放权抵质押融资业务。8 月 2 日，新加坡金鹰集团与建设银行广东省分行签订碳排放权质押贷款合同。一个月内，金鹰集团实现两个全国"首单"，充分发挥碳交易在金融资本与实体经济间的关联及赋能作用，意义重大。

从国际范围看，碳排放权交易进入高速发展阶段。从《京都议定书》生效到 2009 年 2 月，全球有 183 个国家通过了该条约（超过全球排放量的 61%）。碳排放权正在成为国际商品，越来越多的投资银行、对冲基金、私募基金以及证券公司等金融机构参与其中。基于碳交易的远期产品、期货产品、掉期产品及期权产品不断涌现。

我国计划在"十四五"期间降低碳排放强度为 18%，到 2030 年碳排放强度相对于 2005 年下降 65%。2020 年 9 月，中国向世界做出承诺，将"力争在 2030 年前实现碳达峰、2060 年前实现碳中和"。在"十四五"规划和 2035 年远景目标纲要中，明确提出要锚定努力争取 2060 年前实现碳中和，将采取更加有力的政策和措施。市场不断活跃，碳排放权抵质押融资的相关制度急需完善。要着力改变依据地方政府或是监管机构的意见执行碳排放权抵质押融资的状况。制定全国层面专门针对碳排放权抵质押融资的相关法律规定统一标准。

六、收费权质押

公用事业费，也称为公用事业价格，由企事业单位收取的供居民使用的公共事业费用。所谓收费权，是指权利人基于法律的直接规定或者政府的行政特许而享有的就特定的基础设施或者公共服务等收取费用的权利。收费权最初来源于不动产收益权，且实际生活中收费权一般是基于不动产产生的收益，亦有学者称之不动产收费权。在此，笔者统称为收费权。随着经济的发展和投资主体的多元化，权利质权成为担保物权发展的一大趋势，其中收费权质押成为一种新的担保方式。在实践中已经出现收费权质押的多种形式，如公路收费权质押、景区门票收费权质押、学生公寓收费权质押、供水收费权质押、供热收费权质押、电费收费权质押❶等。在我国现行法律体系中，对于权利质权的范围已作出规定，但关于收费权质押未有提及。现阶段关于收费权质押的规定主要体现在司法解释和行政法律规范中，《最高人民法院关于适用〈中华人民共和国民法典〉有关担保制度的解释》（法释〔2020〕28号）规定，以基础设施和公用事业项目收益权、提供服务或者劳务产生的债权以及其他将有的应收账款出质，当事人为应收账款设立特定账户，发生法定或者约定的质权实现事由时，质权人请求就该特定账户内的款项优先受偿的，人民法院应予支持；特定账户内的款项不足以清偿债务或者未设立特定账户，质权人请求折价或者拍卖、变卖项目收益权等将有的应收账款，并以所得的价款优先受偿的，人民法院依法予以支持。

七、存货动态质押

传统质权规定具有静态化的特点，而我国现行法律中没有规定"动产浮动质押"，只允许动产浮动抵押。相应地，在我国企业融资实践中出现了动态质押的融资模式，依托第三人监管才得以运转。所谓的动态质押，在经济学意义上是基于"融通仓"概念提出来的质押模式，而从法律层面对其进行定义，即指出质人将其拥有所有权的库存品、产成品、半成品或者原材料以质押担保的

---

❶　在当前的司法政策中，最高人民法院认为，《担保法解释》第97条规定可以设定质押的收费权为公路收费权，包括公路桥梁、公路隧道、公路渡口的收费权等。国家发展计划委员会、中国人民银行《关于印发农村电网建设与改造工程电费收益权质押贷款管理办法的通知》（计基础〔2000〕198号）批准农村电网改造工程电费收益权可以设定质押。鉴于不动产和自然资源、能源上的金钱收益权的收益比较确定，操作也切实可行，因此，为了扩大公益事业融资渠道，促进公益事业发展，保障银行资产安全，人民法院应当认可农村电网建设与改造工程电费收益权的权利质押形式。李国光．认清形势，提高认识，努力实践公正与效率世纪主题，开拓民商事审判工作新局面——全国法院民商事审判工作会议材料（2001年11月13日）［M］//李国光，最高人民法院民事审判第二庭．民商审判指导与参考（总第1卷）．北京：人民法院出版社，2002：19-20.

方式向银行等金融机构借款，双方约定质物价值最低限额，高于该限额的质物可出旧补新，而物流企业作为第三方监管人与质权人、出质人签订质押监管协议，并接受质权人之委托对质物进行管控并提供物流服务。在动态质押模式下，质物的种类、规格以及数量处在不断的变化之中，只要质物的价值保持在最低额度以上即可，这类似于动产浮动抵押。物权法理论对动态质押亦有过认可。目前实务中，中小企业通过此种融资方式可以将库存的产成品、半成品和原材料等灵活利用，拓宽融资渠道，保证了存货和资金的日常周转；此外，对于银行等金融机构而言，通过动态质押可以保障放贷的安全性，获得更多主营业务收入；而对于作为第三方监管人的物流企业而言，动态质押亦拓宽了业务渠道，成为贷款方与银行等金融机构的桥梁与纽带。目前动态质押监管主要有两种模式：一是第三方监管人即物流企业仓库内的监管，出质人将质物储存于物流企业，而质权人委托物流企业对质物进行监管；二是出质企业仓库内的监管，此模式下质物不发生移转，而由物流企业以支付象征性租金的方式租用出质企业厂房，并派专员对质物进行监管。

动态质押在实践中已被广泛应用，但是由于法律层面并未明确该种担保模式，动态质押与传统质押在形态和实现方式上存在较大的区别，在动态质押监管关系中，不仅有物权关系，还包含着复杂的债权关系，因此当以动态质押方式进行融资而引发纠纷时，其法律属性的界定和质押监管的内部关系不甚明晰。《九民会议纪要》采取了将其全部纳入质押体系中的解决思路。在流动质押中，经常由债权人、出质人与监管人订立三方监管协议，此时应当查明监管人究竟是受债权人的委托，还是受出质人的委托监管质物，确定质物是否已经交付债权人，以此判断质权是否有效设立。如果监管人系受债权人的委托监管质物，则其是债权人的直接占有人，应当认定完成了质物交付，质权有效设立。监管人违反监管协议约定，违规向出质人放货、因保管不善导致质物毁损灭失，债权人请求监管人承担违约责任的，人民法院依法予以支持。如果监管人系受出质人委托监管质物，表明质物并未交付债权人，应当认定质权未有效设立。尽管监管协议约定监管人系受债权人的委托监管质物，但有证据证明其并未履行监管职责，质物实际上仍由出质人管领控制的，也应当认定质物并未实际交付，质权未有效设立。此时，债权人可以基于质押合同的约定请求质押人承担违约责任，但其范围不得超过质权有效设立时质押人所应当承担的责任。监管人未履行监管职责的，债权人也可以请求监管人承担违约责任。

八、小　　结

本节所论及的新型物权担保主要包含租赁权质押、出租车经营权质押、理财产品质押、保单质押、金钱质押、排污权担保、收费权质押、存货动态质押这几种主要类型。当前，对于这些新型担保在认知与裁判上一直存在分歧。首先，在对于新型的担保方式是否具有合理性这个问题上，即这些担保形式能否有效地实现了担保的功效，本书认为，这些新型担保形态并不是法学研究者的创新，而是商事主体在活生生的商事实践中为了实现交易效率和交易公平，在现有制度基础上的创新，体现了社会对法律制度的需求。其出发点就是为了产生担保效果，但是理论上的担保效果可否转化为实际的担保效果需要具体问题具体分析，即使是传统担保，也不能保证一定发生足够的担保效果，因此，若以担保效果来评价新型担保，进而否认其合理性，显得强人所难；另外，从效用上看，这些新型担保方式能够有效地改善交易质量，大部分新型担保能够润滑交易，为中小企业增信。作为例外，只有出租车经营权质押有可能导致对这一垄断性权利的滥用，不利于相关行业的健康发展。其次，关于新型担保的合法性，反对者和支持者都聚焦在客体的合法性、公示效力和优先效力等问题上。在客体的合法性方面，若按照严格的物权法定原则来解释，则此类新型物权在客体的合法性上存在或多或少的瑕疵（存货动态质押是在运行机制上存在一定的瑕疵），但是若将物权法定原则不那么严苛地进行解释，这些新型物权具备纳入担保物权的现实可能性，只是其中需要对这些新型物权进行合理的解释，使之以恰当的方式融入现有的物权担保的模式之中。在这两大核心问题之外，抵押与质押的区分仍然是困扰新型物权担保的关键，我国《民法典》规定，抵押、质押、留置作为法定的三大类担保物权，某些权利物权的定位略显尴尬，特别是在移转占有问题上。因为以权利作为担保的相对不确定性，实务中许多权利的凭证到底应当视为设立权利的凭证还是证明权利的凭证，难以区分，由此导致部分新型物权担保的定位不清，其公示这一难题也就无法解决。

第四节　新型债权担保

新型债权担保实质基于各类合同、承诺的安排，使得某种交易具备担保效果的新型担保方式。新型债权担保主要包括保付代理、让与担保、回购与附条件返租和独立保证。新型债权担保因其本身不依据物权法来发挥作用，因此受到的批评相对较少。❶

一、保付代理

保理全称保付代理，又称托收保付，卖方将其现在或将来的基于其与买方订立的货物销售/服务合同所产生的应收账款转让给保理商（提供保理服务的金融机构），由保理商向其提供资金融通、买方资信评估、销售账户管理、信用风险担保、账款催收等一系列服务的综合金融服务方式。它是商业贸易中以托收、赊账方式结算货款时，卖方为了强化应收账款管理、增强流动性而采用的一种委托第三者（保理商）管理应收账款的行为。2012 年《商务部关于商

---

❶　实际上，早在《九民会议纪要》出台之前，已有司法观点倾向于认可新型担保中的债权担保。《最高人民法院关于依法平等保护非公有制经济促进非公有制经济健康发展的意见》指出，正确认定民商事合同效力，保障非公有制经济的合法交易。要处理好意思自治与行政审批的关系，对法律、行政法规规定应当办理批准、登记等手续生效的合同，应当允许当事人在判决前补办批准、登记手续，尽量促使合同合法有效。要正确理解和适用《合同法》第 52 条关于无效合同的规定，严格限制认定合同无效的范围。对故意不履行报批手续、恶意违约的当事人，依法严格追究其法律责任，保护守信方的合法权益。要依法审理涉及非公有制经济主体的金融借款、融资租赁、民间借贷等案件，依法支持非公有制经济主体多渠道融资。要根据物权法定原则的最新发展，正确认定新型担保合同的法律效力，助力提升非公有制经济主体的融资担保能力。《最高人民法院印发〈关于进一步加强金融审判工作的若干意见〉的通知》指出：要依法认定新类型担保的法律效力，拓宽中小微企业的融资担保方式。丰富和拓展中小微企业的融资担保方式，除符合合同法第五十二条规定的合同无效情形外，应当依法认定新类型担保合同有效；符合物权法有关担保物权的规定的，还应当依法认定其物权效力，以增强中小微企业融资能力，有效缓解中小微企业融资难、融资贵问题。

业保理试点有关工作的通知》（商资函〔2012〕419号）中规定：商业保理试点的内容为"设立商业保理公司，为企业提供贸易融资、销售分户账管理、客户资信调查与评估、应收账管理与催收、信用风险担保等服务"。中国服务贸易协会商业保理专业委员会在2013年发布《中国商业保理行业研究报告2012》，其中对保理的描述为："保理是基于企业交易过程中订立的货物销售或服务合同所产生的应收账款，由商业银行或商业保理公司提供的贸易融资、销售分户账管理、应收账款催收、信用风险控制与坏账担保等服务功能的综合性信用服务，它可以广泛渗透到企业业务运作、财务运作等各方面。只要有贸易和赊销，保理就可以存在，它适用于各种类型的企业。"

结合我国保理实务的特点，中国银行业协会在《中国银行业保理业务规范》2016修订版中给保理业务下了定义，保理业务是一项以债权人转让其应收账款为前提，集应收账款催收、管理、坏账担保及融资于一体的综合性金融服务。债权人将其应收账款转让给银行，由银行向其提供下列服务中的至少一项的，即为保理业务：

（一）应收账款催收：银行根据应收账款账期，主动或应债权人要求，采取电话、函件、上门催款直至法律手段等对债务人进行催收。

（二）应收账款管理：银行根据债权人的要求，定期或不定期向其提供关于应收账款的回收情况、逾期账款情况、对账单等各种财务和统计报表，协助其进行应收账款管理。

（三）坏账担保：债权人与银行签订保理协议后，由银行为债务人核定信用额度，并在核准额度内，对债权人无商业纠纷的应收账款，提供约定的付款担保。

（四）保理融资：以应收账款合法、有效转让为前提的银行融资服务。

根据《民法典》的相关规定，保理合同被以专章规定，成为典型合同之一。保理的担保属性更多地源于应收账款，从担保的过程来看，与应收账款的质押存在一定相似之处。

二、让与担保

物权担保可分为典型担保与非典型担保。《民法典》所规定的抵押权、质权和留置权为典型担保；而由社会交易中所新发展起来的、非《民法典》所规定的物权担保，为非典型担保。让与担保是实践中由判例确认的一种担保方式，属于非典型担保。与典型担保相比较，它们有以下基本区别。

（1）法律构成不同。从法律构成来讲，让与担保系权利本身移转之构成，而典型担保系限制物权的设定之构成。换言之，传统典型担保属于一种限制物权，不移转担保物的整体权利，特别是所有权；而让与担保是将担保物的整体权利让受给债权人，意味着担保人对担保物所有权的丧失（至少是观念上的）。

（2）公示与否不同。典型担保一般以公示为必要，而让与担保不以公示为必要，以双方当事人的约定即可。因此，典型担保具有排他性的物上之代位权，而让与担保是介于债权与物权之间的一种权利，若登记了，就具有物权效力，可以对抗第三人；若没有登记，就只具有债权效力。事实上，让与担保是用债权的外观包裹着物权的内容，而典型担保则是以债的形式设立的一种限制物权。

（3）实行方式不同。典型担保是一种变价权，严格禁止当事人在合同条款中约定直接流质担保物，即禁止有流质条款；而让与担保不受此种限制，既可采取变价方式，也可采取流质方式。

让与担保是一种约定担保。依担保物权发生的原因，可将其区分为法定担保和约定担保。法定担保是依法律规定而当然发生，如留置权、优先权和法定抵押权；约定担保是依当事人约定而发生，如一般抵押权和质权。让与担保是一种约定担保，它的设立系基于当事人的约定。法定担保具有维护债权平等之作用，其从属性特别强烈；而约定担保具有融通资金之作用，其从属性有逐渐减弱之势，故法律对这两种担保的发生原因和所具作用在设计安排上有所不同，在具体处理方法上亦有所不同。

让与担保是由判例法确立的一种担保方式。让与担保是判例法确认的产物，世界各国均无成文法规定。这是因为让与担保是一种变态担保、不规则担保，故传统民法对此种具有信托性质的担保制度多未设明文，并曾质疑其适法性，后终肯定其存在的价值，经由判例学说发展为一种担保方式。而其他物权担保方式都由成文法加以规定，有的规定于民法典中，有的则在特别法中加以规定。

让与担保能弥补动产质押的不足。动产质押以移转物的占有为要件，不得占有改定，故不能完全满足动产担保制度在近代商业活动中的需求；而让与担保仅以所有权形式上的让与为条件，标的物设定之后，设定人仍可占有担保物，保留其对担保物的使用收益权，故可弥补动产质押的上述缺陷，既能发挥担保债权、融通资金之功效，又能发挥物的使用效益，从而能适应现代商业活动的需要。让与担保标的范围十分广泛。与典型担保相比较而言，让与担保的标的十分广泛，它既可以是动产，也可以是不动产；既可以是现实之财产，也可以是社会新形成或尚在形成中的财产权，如计算机软件和正在建筑中的建筑物。此外，基于一物一权与物权特定原则，典型担保中的物仅能就一个个独立的物分别设定担保物权；而让与担保可以就集合物设定担保，如商人就其流动中的多个商品，企业就其工厂的机器、厂房、原材料和其他设备等，可以让与担保方式设立集合物担保，从而能解决企业、商人融通流动资金之需，促进市场经济繁荣和发展。让与担保实行方法简便灵活，并能维护担保物的价值。典型担保的实行均有一定程序，耗时耗费，且在拍卖过程中，由于各种原因，可能造成担保物拍卖价值过低的现象，从而有损设定人的利益。而让与担保权的实行，既可估价流质，也可变价出卖，操作起来简易便捷；其变价和估价均须通知设定人，若价值过低，设定人可持异议权，故担保物的价值一般须保持评估价值，由此可避免和弥补典型担保的上述缺陷。

目前在我国司法实践中，让与担保的判断已经达成了初步一致，即以是否完成转让作为是否具有物权效力，❶ 对于未发生转让的，则按照合同处理。

---

❶　最高人民法院认为：让与担保合同如无《合同法》第52条规定的情形，应肯定其合同效力。让与担保流质条款的效力，仍应受流质条款无效约束，但该流质条款无效并不影响合同的整体效力。为克服让与担保的固有缺陷，本着诚信原则和公平原则，应当科以让与担保债权人强制清算义务，不经清算直接取得担保物所有权的诉讼请求不宜得到司法支持。在让与担保权的实现方式上，只要债权人履行了清算变价程序，且不违背禁止流质法律规定，可依当事人意思自治。在当事人对让与担保债权的实现方式未予约定或约定不明确的情形下，可解释为担保权人须采取变价清偿的债权实现方式。让与担保人承担担保责任后，对债务人享有追偿权。郑勇．以买卖合同担保债权实现的让与担保行为的效力认定［M］//最高人民法院民事审判第二庭．最高人民法院商事裁判观点（总第1辑）．北京：法律出版社，2015：91.

《九民会议纪要》进一步将其明确为，债务人或者第三人与债权人订立合同，约定将财产形式上转让至债权人名下，债务人到期清偿债务，债权人将该财产返还给债务人或第三人，债务人到期没有清偿债务，债权人可以通过财产拍卖、变卖、折价偿还债权的，人民法院应当认定合同有效。合同如果约定债务人到期没有清偿债务，财产归债权人所有的，人民法院应当认定该部分约定无效，但不影响合同其他部分的效力。当事人根据上述合同约定，已经完成财产权利变动的公示方式转让至债权人名下，债务人到期没有清偿债务，债权人请求确认财产归其所有的，人民法院不予支持，但债权人请求参照法律关于担保物权的规定对财产拍卖、变卖、折价优先偿还其债权的，人民法院依法予以支持。债务人因到期没有清偿债务，请求对该财产拍卖、变卖、折价偿还所欠债权人合同项下债务的，人民法院亦应依法予以支持。

三、回购与附条件返租

实务中，引入回购机制的，最常见于借贷融资、股权投资等民商事交易中，一般可分为债务融资和股权投资两个大类型。而回购机制在不同类型的交易中发挥不同的功能，实现不同的目的。让与担保系担保债务之清偿，系以移转标的物所有权之方式为之，指债务人或第三人为担保债务人之债务，将担保标的物之财产权移转于担保权人，而使担保权人在不超过担保之目的范围内，取得担保标的物之财产权，于债务清偿后，标的物应返还债务人或第三人，债务不履行时，担保权人得就该标的物受偿之非典型担保。❶ 让与担保起源甚早，可以溯源至罗马法上之信托。让与担保以移转标的物所有权为担保，实现其担保之经济目的。虽然大陆法系的德日民法未曾规定，但学

---

❶ 最高人民法院认为：以商品房买卖合同为借贷合同进行担保的新型担保方式，是一种正在形成的习惯法上的非典型担保方式。我国司法实践在探索中亦应尊重当事人的意思自治，在保护善意第三人利益、防范罹于流质等前提下肯定新型非典型担保的合法性和正当性。梁曙明，刘牧晗．意思与表示不一致时，对法律关系性质的司法认定——广西嘉美房地产开发有限责任公司与杨某某商品房买卖合同纠纷申请再审案［M］//景汉朝，最高人民法院立案一庭、立案二庭．立案工作指导（总第39辑）．北京：人民法院出版社，2014：67.

说与实务上均承认之。通过习惯法及司法判例赋予其效力，让与担保促使金融流通，符合社会需要，具有积极的社会作用。在股权投资交易中，退出方式安排是投资人作出投资决策的一项基本的商业条件。常见的退出方式主要有 IPO、并购、新三板挂牌、股权转让、回购、清算等。其中的回购退出并不是各方理想的退出方式，但从投资人角度而言应属必不可少的兜底退出方式。现在业界通行的，也是得到司法实践肯定的做法，就是由融资方的创始股东、控股股东、管理层在一定条件成就时，收购投资方所持有的公司股权之交易安排。

回购的交易安排是当前市场环境下，投资方、融资方所处的不同市场地位的体现；同时也是对双方信息不对称造成的投资方劣势，以及对投资合作商业风险承担的弥补性措施。

附条件返租的模式与回购相似，只是将买卖关系替换为租赁关系。

四、独立保证

关于独立担保，在不同的法律文件和著作中有称为见单即付的担保、见索即付的担保，有称为无条件、不可撤销的担保、备用信用证担保等，也有表述为银行担保、抽象担保的。适应银行保函国际化应用需要国际商会对《合同担保统一规则》进行修订，在《见索即付保函统一规则 2010》中将其定义为："一方对另一方负有的在其凭书面请求或规定的单据请求时，向其支付一定数额或不超过一定数额的款项的承诺。"但独立担保的内涵，国内外均未见统一的定义，一般而言，独立担保是保证人应申请人（主合同的债务人）的请求，向受益人（主合同的债权人）作出的，表示在受益人向其提出索赔并提示一定的单据时，立即无条件地承担付款责任的书面承诺。

独立担保依然是保证，表现在其目的仍然是确保主债权的实现，并且仍然具备人的担保的基本特点，是以民事主体信用和财产为担保的基础，同时独立担保是一种对传统保证的"异化"。一般认为独立担保合同不能适用于保证的规范，因为它不具有保证关系从属于主债的特征。这主要表现在：第一，独立担保与主合同相互独立。一方面，独立担保与债权没有发生和消灭上的从属性，即主债权的无效或者被撤销不影响保证人向债权人承担保证责任。另一方面,一般而言主合同的修改和主债权的转让也不是担保人解除担保责任的法定事由。第二,保证人的抗辩权不得享有和行使。传统的保证人可享有先诉抗辩权,而独立担保人没有这种抗辩权。这虽然可以看作独立担保与从属性保证最突出的区别,但事实上,在传统保证中,连带责任保证人是放弃先诉抗辩权而与主债务人一起承担连带责任的。

我国有条件地承认独立保证。❶ 其一,对于国际商事中的独立保证,我国原则上予以认可;其二,对于金融机构所开具的独立保函,我国不论是国内独立保函或是国际独立保函,均予以接受。但对于范围更大的非保函的国内独立保证,目前缺乏明确的法律规制。《九民会议纪要》中对于独立保证作出了进一步的明确,凡是由银行或者非银行金融机构开立的符合该司法解释第1条、第3条规定情形的保函,无论是用于国际商事交易还是用于国内商事交易,均不影响保函的效力。银行或者非银行金融机构之外的当事人开立的独立保函,以及当事人有关排除担保从属性的约定,应当认定无效。但是,根据"无效法律行为的转换"原理,在否定其独立担保效力的同时,应当将其认定为从属性担保。此时,如果主合同有效,则担保合同有效,担保人与主债务人承担连带保证责任。主合同无效,则该合同所谓的独立担保也

---

❶ 关于独立担保引发的问题及其认定,最高人民法院民二庭庭长宋晓明在《物权法担保物权编实施中的几个重要问题》中指出,无论是《担保法》第5条第1款还是《物权法》第172条第1款,都对独立担保作出了比较明确的规定。由于独立担保颠覆了经典的担保权从属性规则并由此产生异常严厉的担保责任,因此担保实务和审判实践对独立担保的适用范围存在较大争议。考虑到独立担保责任的异常严厉性,以及该制度在使用过程中容易滋生欺诈和滥用权利等弊端,尤其是为避免严重影响或动摇我国担保法律制度体系之基础,最高人民法院在《关于适用〈中华人民共和国担保法〉若干问题的解释》(以下简称《担保法司法解释》)司法解释论证过程的态度非常明确:独立担保只能在国际商事交易中使用,并通过最高人民法院〔1998〕经终字第184号终审判决表明该立场。《物权法》第71条第1款秉承物权法定主义原则,在但书中规定"但法律另有规定的除外",明确地表示当事人不能通过合同约定独立性担保物权的立法态度。尚有疑义的是:如果当事人在国内市场中约定了独立担保,是否要绝对地认定该约定无效并判令独立担保人承担缔约过失责任呢?在主债权合同无效和存在无效的情形下,应当如何分别处理呢?如何根据"无效民事法律行为效力转换"的原理,通过"裁判解释转换"的方法来实现转换?对于国内商业银行已经普遍使用独立担保条款的合同,这种转换是否符合当事人的合同预期?

随之无效，担保人无过错的，不承担责任；担保人有过错的，其承担民事责任的部分，不应超过债务人不能清偿部分的1/3。

五、其他新型债权担保

有研究者认为，部分银行的金融业务，例如，厂商银业务、保兑仓业务、负有让与性的其他业务也属于新型担保的范畴。笔者对此持保留态度，因为这些所谓的新型担保形态高度依赖金融机构的介入，内部法律关系结构非常复杂，虽然它们可能的确具有保证主债权实现的种种作用，但是，构成新型担保需要有特定的制度基础和一定的实践基础，许多法律规范的设计都具有担保作用，但是不能将一切具有担保作用的设计都理解为新型担保制度，这样会极大地分散对担保制度的研究焦点，降低了对新型担保制度的研究价值。认定某种担保方式为新型担保，至少需要满足三项条件：第一，该项制度安排的目的是保障债权的实现，并且能够起到保障债权的作用；第二，该项制度安排具备国内外的广泛实践基础，具备必要的创新性，同时不能为当前的新型担保制度所兼容，或者至少存在不兼容的可能性；第三，该项制度安排具有一定的基础性，对于已有的担保制度进行简单的累加，或者仅仅只是增加主体的数量，或者对现行制度进行一定程度的复杂化安排，但完全处于现行制度可以解释的范围以内的，应当理解为担保形态的新表现，而不能认为是新的担保类型。

六、小　　结

在新型债权担保中，主要包含基于银行业务的新型债权担保与基于合同的新型债权担保，前者的实际运行已经相当成熟，虽然仍存有争议，但主要集中在银行业务的具体运行机制上，它反映的是这些业务的运行规范化问题和达成这些目标时"目的与手段"之争，应该说，此类新型债权担保不存在法律上的障碍。但是，基于合同的新型担保却存在许多问题，首先是让与担保的效力，质疑来自两个不同方面：一是来自合同方面，二是物权方面。从合同方面来看，合同应当反映双方当事人的真实意思表示，但让与担保实践中，双方以买卖合同为名，行抵押担保之实，这属于学理上的虚假意思表示，这种意思表示能不能具备合同上的效力仍然值得商榷，但双方的真实意思表示确是签订抵押合同，此类抵押合同的效力如何认定？这仍然是一个难题；在物权层面，让与担保存在流质（流押）的嫌疑，但如果将其认定为买卖合同行为，则不受物权法相应规定的约束。至于回购担保这一新型债权担保则不存在太多的法律障碍，它与让与担保存在一定的共性，但克服了让与担保中虚假意思表示的困惑，由于其将买卖行为和担保行为合二为一，客观上也避免了流质条款的困境，也导致回购担保的适用范围相对狭窄，回购担保在实践中一般不存在争议。而回租担保则是回购担保的变体，区别在于将约定以特定价格回购变为以特定价格回租，在其本身运行方式上是不存在违法性问题的。实践中的回租担保往往用于担保民间借贷的工具，甚至成为约定过分高于法律许可利息的一种方式，实际运用中存在一定的合法性危机。至于独立保证所面临的问题，主要是立法者与司法者的理解有异。在我国担保立法中，已经为独立担保留下了余地。现行我国司法政策不允许国内商事主体之间的独立担保行为（独立保函除外）。

第三章　新型担保的理论研究焦点与审判实践展开

在明确了新型担保的具体类型和运行逻辑后，本书收集整理了专家学者对于新型担保的理论探讨，对司法认定方面的资料进行统计和梳理。从理论研究的角度来看，新型担保的关注焦点集中在新型担保的客体合法性、新型物权担保的公示、新型物权担保的合理性、担保能否具备独立性和存货动态质押的合法性等方面。从新型担保的审判实践来看，统计和分析涉及新型担保的5307篇裁判文书，从中找到存在的一些规律。研究其中的司法判决，借此了解当前司法实务领域对于新型担保问题的处理态度和应对方式。

第一节　担保的实践之发展

一、《民法典》对担保制度的完善

(一) 对保证合同制度的完善

《担保法》规定，保证是指保证人和债权人约定，当债务人不履行债务时，保证人按照约定履行债务或者承担责任的行为。而《民法典》则更进一步，规定保证合同是为保障债权的实现，保证人和债权人约定，当债务人不履行到期债务或者发生当事人约定的情形时，保证人履行债务或者承担责任的合同。《民法典》突出了合同在保证中的地位和作用，明确了债权人可以在保证合同中对保证人履行债务或者承担责任的情形作出约定。

（二）对担保主体的限制的完善

《担保法》规定，学校、幼儿园、医院等以公益为目的的事业单位、社会团体不得为保证人。《民法典》则将禁止作为保证人的主体进行了合理扩大，避免了原《担保法》所列举的不周延问题，即以公益为目的的非营利法人、非法人组织不得为保证人。

（三）对保证人保护力度的加大

《担保法》规定，当事人对保证方式没有约定或者约定不明确的，按照连带责任保证承担保证责任。这一规定不符合国际惯例，也不利于保护在担保关系中处于弱势地位和不取得利益的担保人。《民法典》则规定，当事人在保证合同中对保证方式没有约定或者约定不明确的，按照一般保证承担保证责任，体现了民法的公平、等价有偿等理念。

《担保法》规定，保证合同约定保证人承担保证责任直至主债务本息还清时为止等类似内容的，视为约定不明，保证期间为主债务履行期届满之日起2年。实践中，由于缺乏专业帮助，大量保证行为处于"约定不明"的状态，考虑到保证人的弱势地位，过长的保证期间不利于保障保证人的权利，也不利于债权债务关系的稳定。《民法典》规定，债权人与保证人可以约定保证期间，但是约定的保证期间早于主债务履行期限或者与主债务履行期限同时届满的，视为没有约定；没有约定或者约定不明确的，保证期间为主债务履行期限届满之日起6个月。默认的保证期间被大幅度缩短。

《担保法》规定，保证期间，债权人依法将主债权转让给第三人的，保证人在原保证担保的范围内继续承担保证责任。保证合同另有约定的，按照约定。实践中较少存在"保证合同另有约定"的情况，这导致在债权转让的情况下，保证人的合理利益无法得到保障——保证人作出保证，不仅基于对债务人的信任，也包含了对债权人的考量。《民法典》规定债权人转让全部或者部分债权，未通知保证人的，该转让对保证人不发生效力。保证人与债权人约定禁止债权转让，债权人未经保证人书面同意转让债权的，保证人对受让人不再承担保证责任。

（四）对一般保证人承担保证责任的条件的完善

《担保法》规定，一般保证人在主合同未经审判或仲裁，并就债务人财产依法强制执行仍不能履行债务前，对债权人可以拒绝承担保证责任，有下列情形之一的，保证人不得行使这项权利：

（一）债务人住所变更，致使债权人要求其履行债务发生重大困难的；（二）人民法院受理债务人破产案件，中止执行程序的；（三）保证人以书面形式放弃前款规定的权利的。

这一规定存在不严谨之处，给债权人寻求救济造成了不必要的阻碍。

《民法典》通过进一步完善条件，规定一般保证的保证人在主合同纠纷未经审判或者仲裁，并就债务人财产依法强制执行仍不能履行债务前，有权拒绝向债权人承担保证责任，但是有下列情形之一的除外：

（一）债务人下落不明，且无财产可供执行；（二）人民法院已经受理债务人破产案件；（三）债权人有证据证明债务人的财产不足以履行全部债务或者丧失履行债务能力；（四）保证人书面表示放弃本款规定的权利。

（五）对物权担保的细节规定的完善

在《物权法》的基础上，《民法典·物权编》对担保相关规则进行了必要的完善。《民法典》规定设立担保物权应当依照本法和其他法律的规定订立担保合同。担保合同包括抵押合同、质押合同和其他具有担保功能的合同。担保合同是主债权债务合同的从合同。主债权债务合同无效的担保合同无效，但是法律另有规定的除外。这一规定进一步强调了担保合同在担保活动中的重要性，同时也承认了其他具有担保功能合同的合法性。《民法典》取消了土地承包经营权作为法定的抵押财产，明确了海域使用权可以抵押。对于"流质""流押"问题，《民法典》完善了相关规定，抵押权人在债务履行期期限届满前，不得与抵押人约定债务人不履行到期债务时抵押财产归债权人所有的只能依法就抵押财产优先受偿。补充了对后果的规定，避免了对"流质""流押"的片面否定。

二、司法解释对民法典规定的补充

（一）对担保主体的补充完善

实践中，居委会、村委会等集体经济组织作为非营利组织，原则上不应当对外提供担保，但又面临客观的担保需求，《最高人民法院关于适用〈中华人民共和国民法典〉有关担保制度的解释》（以下简称《担保解释》）中规定，居民委员会、村民委员会提供担保的，人民法院应当认定担保合同无效，但是依法代行村集体经济组织职能的村民委员会，依照村民委员会组织法规定的讨论决定程序对外提供担保的除外。而对于非营利学校、幼儿园、医疗机构、养老机构等，针对其采购活动的必要需求，《担保解释》中明确，在这两种情况下仍可以提供担保：（1）在购入或者以融资租赁方式承租教育设施、医疗卫生设施、养老服务设施和其他公益设施时，出卖人、出租人为担保价款或者租金实现而在该公益设施上保留所有权；（2）以教育设施、医疗卫生设施、养老服务设施和其他公益设施以外的不动产、动产或者财产权利设立担保物权。

（二）对越权担保的处理方式的细化

法定代表人以公司名义提供担保或加入债务问题的处理原则，仍是在强调越权代表的问题，即使"法定代表人+公章"，在人章合一的情形下，并不能必然代表公司的意思表示，依旧是要符合章程的决议或法定程序。《公司法》第16条对法定代表人的代表权进行了限制，本身即为防止法定代表人随意代表公司为他人提供担保给公司造成损失，损害中小股东利益，根据该条规定，担保行为（另如"债务加入"）不是法定代表人所能单独决定的事项，而必须以公司股东（大）会、董事会等公司机关的决议作为授权的基础和来源。进一步解决了"越权担保的效力与责任"问题，蕴含着越权代表中，表见代表的司法适用。此角度，在理解上需要区分与《民法典》中关于无权代理和表见代理的规定。在责任承担的用词上，与征求意见稿中的"民事责任"相比，正式稿中将相对人善意时，公司承担的"民事责任"调整为"担保责任"。

（三）担保无效的赔偿责任的细化

《担保解释》规定，主合同有效而第三人提供的担保合同无效，人民法院应当区分不同情形确定担保人的赔偿责任：

（一）债权人与担保人均有过错的，担保人承担的赔偿责任不应超过债务人不能清偿部分的二分之一；（二）担保人有过错而债权人无过错的，担保人对债务人不能清偿的部分承担赔偿责任；（三）债权人有过错而担保人无过错的，担保人不承担赔偿责任。主合同无效导致第三人提供的担保合同无效，担保人无过错的，不承担赔偿责任；担保人有过错的，其承担的赔偿责任不应超过债务人不能清偿部分的三分之一。

《民法典》关于担保解释，与《担保法》司法解释的一个明显变化，即在主合同有效而第三人提供的担保合同无效并且担保人有过错而债权人无过错的情形下，由原来的担保人与债务人共同承担连带责任，调整为担保人仅对债务人不能清偿的部分承担赔偿责任。

（四）对在建工程的抵押问题的明确

考虑到实务中，许多"烂尾"工程需要新融资才能继续等因素，仅以建设用地使用权设定的抵押权以不及于续建或新增建筑物为宜。以在建工程抵押的，范围限于已办理抵押登记部分，不及于续建、新增、尚未建造的建筑物。解决长期以来争议不止的实践问题。《担保解释》规定，当事人以正在建造的建筑物抵押，抵押权的效力范围限于已办理抵押登记的部分。当事人按照担保合同的约定，主张抵押权的效力及于续建部分、新增建筑物以及规划中尚未建造的建筑物的，人民法院不予支持。抵押人将建设用地使用权、土地上的建筑物或者正在建造的建筑物分别抵押给不同债权人的，人民法院应当根据抵押登记的时间先后顺序确定清偿顺序。新规定有助于甩掉历史包袱，促进"烂尾"工程的融资。

（五）对不动产登记簿是唯一判断标准的确认

《担保解释》规定，不动产登记簿就抵押财产、被担保的债权范围等所作的记载与抵押合同约定不一致的，人民法院应当根据登记簿的记载，确定抵押财产、被担保的债权范围等事项。这意味着登记标准不再存在例外。

（六）对保证期间的制度设计的完善

《担保解释》除了配合《民法典》确立默认 6 个月的保证期间外，进一步消除了保证期间上的盲点。《担保解释》规定，一般保证的债权人在保证期间内对债务人提起诉讼或者申请仲裁后，又撤回起诉或者仲裁申请，债权人在保证期间届满前未再行提起诉讼或者申请仲裁，保证人主张不再承担保证责任的，人民法院应予支持。连带责任保证的债权人在保证期间内对保证人提起诉讼或者申请仲裁后，又撤回起诉或者仲裁申请，起诉状副本或者仲裁申请书副本已经送达保证人的，人民法院应当认定债权人已经在保证期间内向保证人行使了权利。由此可知，关于保证时效，目前已明确不因撤诉而延长，且法院有义务主动查明、主动适用保证期间，而不以保证人主动提出时效抗辩为前提。

（七）《担保解释》明确了非典型担保与民法典的适配问题

《担保解释》规定，债权人与担保人订立担保合同，约定以法律、行政法规尚未规定可以担保的财产权利设立担保，当事人主张合同无效的，人民法院不予支持。该约定首次明确了法院在审判过程中对新型担保的鼓励态度。另外，《担保解释》还规定，当事人未在法定的登记机构依法进行登记，主张该担保具有物权效力的，人民法院不予支持。这一规定突出了物权法定的基本原则，避免了新担保形式与物权法定原则之间的矛盾。另外《担保解释》还通过具体的规定，确认了若干种具体新型担保方式的合理性。

第二节　新型担保理论问题之聚焦

一、新型物权担保的客体合法性

在新型担保物权中，许多的新型担保物权的创新点在于扩大了质权的质物，新增了租赁权、出租车经营权、理财产品、保单、金钱、排污权、收费权等作为质物。围绕这些质物是否可以作为担保物权的合法客体，专家学者提出了许多重要的意见和观点。否认派认为，新型担保特别是新型物权担保严重突破了物权法定原则，容易导致物权法体系的混乱，不适应我国整体信用程度较低的现状；❶ 渐进派认为，物权法制定之初曾考虑过将具备一定条件的权利纳入物权法范围以内，但由于顾及社会信用水平的制约，没有将这一规定纳入现行物权法，但物权法颁布至今已过去十余年，社会信用水平不断提高，失信惩戒机制逐步健全，因此对新型物权担保持谨慎的乐观态度；❷ 赞同派认为，新型物权担保能够在现行法律中通过合理的解释实现合法化，本身不违背现行法律。❸ 总体来看，大部分学者倾向于不否认新型担保物权客体的合法性。❹

原《担保法》第 75 条规定，下列权利可以质押：

（一）汇票、支票、本票、债券、存款单、仓单、提单；（二）依法可以转让的股份、股票；（三）依法可以转让的商标专用权，专利权、著作权中的财产权；（四）依法可以质押的其他权利。物权法二百二十三条规定债务人或者第三人有权处分的下列权利可以出质：（一）汇票、支票、本票；（二）债券、存款单；（三）仓单、提单；（四）可以转让的基金份额、股权；（五）可以转让的注册商标专用权、专利权、著作权等知识产权中的财

---

❶　最高人民法院民二庭新类型担保研究小组，《担保案件审判指导》中指出，有观点认为（观点一），持保留态度。即认可担保合同效力，但不认可担保物权效力。理由：第一，这些争论在《物权法》立法时就有，但考虑到我国处于转型时期，故未以法律确认的方式予以规定；第二，物权对抗的效力源于登记公示，在公示机关、公示方法不能解决的情况下，对此类担保的物权效力难以认可；第三，新类型担保的法律风险明显，这些风险本来可以通过银行内部风险控制予以避免，如果司法机关以司法解释的形式予以认可，由此而产生的引导作用会使得诉讼纠纷激增。

❷　目前我国唯一涉及商铺租赁权的法律性文件——《商务部、银监会关于支持商圈融资发展的指导意见》中指出："研究推动商铺经营权、租赁权质押融资试点。商务主管部门要鼓励商圈内有条件的商贸企业通过发行企业集合债券等多种形式，参与融资租赁、借助主板和创业板上市等方式筹资，拓宽融资途径。"

❸　陈本寒. 新类型担保的法律定位 [J]. 清华法学，2014，8（2）：87-100.

❹　也有学者将此推广至极限，认为任何财产，只要具有价值且具有可让与性，都是可以作为担保物权之客体的。董学立. 也论"新类型担保的法律定位"——与陈本寒教授商榷 [J]. 法治研究，2015（4）：25-33.

产权；（六）应收账款；（七）法律、行政法规规定可以出质的其他财产权利。

从这些新型担保的属性上看，理财产品、保单、金钱质押、收费权具备某些应收账款的特征，实践中也存在将理财产品质押应收账款化的做法。应收账款是指权利人因提供一定的货物、服务或设施而获得的要求义务人付款的权利以及依法享有的其他付款请求权，包括现有的和未来的金钱债权，但不包括因票据或其他有价证券而产生的付款请求权，以及法律、行政法规禁止转让的付款请求权，是伴随企业的业务行为发生而形成的一项债权。理财产品虽然也伴随着销售行为，但也属于应当向对方收取的款项，二者都具备必要的财产属性和最低限度的流通性。《应收账款质押登记办法》认为"其他以合同为基础的具有金钱给付内容的债权"也属于应收账款的范畴。理财产品往往也以合同作为依据，具备某些金钱给付性的内容，因此作为因收账款处理具有理论上的可能性，这一点可以结合应收账款质押规则的运行模式，发展出其特有的运行模式。

针对新型担保的客体不断扩大，我们有必要构建一套具有物权效力的质押担保客体的标准，该标准至少需要满足三大基本条件：第一，它必须是具有财产性内容；第二，它需要具有最低限度的流动性；第三，它具备对外公示的可能性。

首先，新型物权质押担保的客体必须是具备直接或者间接的财产性内容的权利。这一要求否定了民法上人身权得以作为新型担保客体的资格，以人身权利作为担保的客体虽然客观上可以发挥担保的效果，但是可能造成严重的社会伦理道德危机，因此不宜作为新型物权担保的客体；此要求也否定了宪法上基本权利作为物权担保客体的资格，如受教育权，一方面不可能产生担保，另一方面也会造成严重的认识混乱；公共性权利同样不允许作为新型担保的质权，行政机关的职权若作为担保的客体，同样会严重危害社会公共利益，理应依法禁止。

其次，新型物权质押担保的客体至少拥有最低限度的流动性。无法转让的财产不能作为新型物权担保的客体。新型物权担保的客体必须能够以一定的方式在合理的期限内变价。如果该客体无法转让，也就失去了担保效果的基础，质权人实际上也无法得到优先清偿。但值得注意的是，尽管要求质押物需要具有一定的流动性，但这并不意味着质押物能够在极短的时间内变现，只要质押物具备变现的可能性即可。即使是现行法律规定的质押物，不同的种类间变现能力也存在极大的区别，许多边缘化的质押物事实上永远也不能变现，但这不阻碍这些质押物成为合适的客体。归根结底对质押物的选择体现了出质人与质权人的民事合意，质权人接受质押物的同时不仅负担了质押物的保管义务，也同时代表了其对质押物的价值以及流动性的认可。因此，对于质押物的流动性要求的标准不是外部化的、绝对的，而是主观化的、相对的。此外，有许多权利依法不得转让，这些权利具有法定的不可让与性，因此即使双方共同认可，也应当视为不具备流动性。例如，具备社会公共利益的财产性利益一般为法律所禁止让与，合同约定不得让与的权利也不应当允许被设定为质押权利，人身化的财产权利，例如继承权也不能作为应收账款来处理。

最后，新型物权担保的客体应当具备对外公示的可能性。我国法律规定了两类公示方式——交付与登记，交付方式因为改变了对特定物的占有关系，因此能够被社会一般公众所观察和认可，从而明确特定物的归属；登记因为社会不特定主体得以查询登记簿，从而具有了解相关物的归属的客观状态的可能性。而对于权利的公示，相比动产、不动产具有更大的难度。若某种新型物权担保的客体实际上无法公示，无法为外人所知悉其权利归属状态，则不能作为物权担保的客体。

二、新型物权担保的公示

我国物权法明确规定了"公示、公信原则"。为了确保新型物权担保发挥优化营商环境的作用，新型物权担保所面临的公示方式不明确、公示机关不确定，是必须解决的问题。

结合物权法的规定，"为担保债务的履行，债务人或者第三人将其动产出质给债权人占有的，债务人不履行到期债务或者发生当事人约定的实现质权的情形，债权人有权就该动产优先受偿"。这一点确立了质权的基本运行规则。"法律、行政法规禁止转让的动产不得出质"确立了质权得以确立的范围。"质权自出质人交付质押财产时设立"规定了质权产生的时间和公示的形式。而在允许设立权利质权方面，物权法规定了汇票、支票、本票、债券、存款单、仓单、提单、可以转让的基金份额、股权、可以转让的注册商标专用权、专利权、著作权等知识产权中的财产权、应收账款与法律、行政法规规定可以出质的其他财产权利可以作为权利质权的客体。而在权利质权的公示方面，物权法规定以汇票、支票、本票、债券、存款单、仓单、提单出质的，当事人应当订立书面合同，权利质权自权利凭证交付质权人时设立；没有权利凭证的，质权自有关部门办理出质登记时设立；以基金份额、股权出质的，当事人应当订立书面合同；以基金份额、证券登记结算机构登记的股权出质的，质权自证券登记结算机构办理出质登记时设立；以其他股权出质的，质权自工商行政管理部门办理出质登记时设立；以注册商标专用权、专利权、著作权等知识产权中的财产权出质的，当事人应当订立书面合同，质权自有关主管部门办理出质登记时设立；以应收账款出质的，当事人应当订立书面合同，质权白信贷征信机构办理出质登记时设立。因此，法定的公示过程为权利凭证交付或者到相关部门办理登记。证券登记结算机构、工商行政管理部门、知识产权主管部门、信贷征信机构这四种机构为法定权利质权登记管理机构。

公示过程是使得物权效力优于普通债权的核心依据。根据我国《物权法》的规定，物权的设立除了法律另有规定以外，都需要经过公示程序，一般而言，不动产物权需要以登记作为物权的生效条件，动产物权则以交付作为物权生效的条件。关于权利物权的规定，原则上准用关于动产物权的规定，即以交付权利凭证或者进行登记作为物权生效的依据。新型物权担保饱受质疑的一点就是它的公示过程存在一定的模糊地带。假如主张只有以转移权利凭证来丧失对于特定财产权的控制，或者经过上述法定的机关登记才能够产生物权效力。若据此分析，租赁权不存在法定的管理部门，也无法事实上控制相关权利，因此租赁权质押属违法；出租车经营权方面，地方各级车辆管理机关对于车辆管理具有法律上的职责，但是车辆管理机关不是物权法规定的权利质押登记，而是特殊动产的质押登记机关，这一点能否准用存在一定争议，相关部门是否具备这样的职能也存在较大的疑问。而理财产品当前多以银行作为质押登记主体，保单质押多半以保险公司作为质押登记主体，金钱质押多半以银行金融机构作为质押登记主体。排污权担保在实践中尚未明确相关担保登记主体。传统上一般将交付作为动产物权和权利物权的变动方式，将登记作为不动产物权的变动方式，但是登记在权利物权变动方面开始扮演越来越重要的角色。收费权质押本身亦缺乏质押登记主体。存货动态质押则以交付作为公示标准，不存在质押登记主体。

综上可知，不同类型的新型担保需要设置不同类型的、方便实现又能够有效保障善意第三人合法权益的公示方式。

就租赁权质押而言，实际上能够对租赁权起到管理、控制的第三方是该租赁标的物的所有人或者管理人，又由于租赁权缺乏实体凭证，一般而言，只有租赁合同能够证明租赁权的存在，而该合同本身并不适合交付移转，并且合同一般存在多份，控制一份合同不足以控制租赁权本身。因此租赁权的公示以管理者登记为宜。管理者虽然不是法定的物权登记机关，但是这种登记方式能够使得外部得以知悉租赁权的实际情况，此外，管理者的存在具有第三方代为控制的效果，可以在需要实现质权时，及时转移租赁权。因此，这种形态虽然名义上为登记公示，实际上也有转移占有的效果，是登记方式与交付方式的统一。

就出租车经营权而言，车辆管理机关作为法定机关，应当成为合法的出租车经营权质权的登记管理机关。将出租车经营权登记功能与普通车辆所有权质押登记功能进行整合，能够最大限度地实现相关质权的公示效果。

理财产品质押的公示过程仍存在一定的争议。有研究者主张办理特定理财产品的银行应当成为质押登记机关，此等理由无法成立。首先银行本身不是机关，也不能实现对理财产品账户的管理控制，况且在实践中，大量存在的理财产品贷款中，银行往往既是登记机关，同时也为权利人，这种二重身份将导致对出质人的巨大优势，不利于双方权利义务的对等，容易引发难以预料的矛盾与纠纷。因为理财产品可以纳入应收账款来理解，因此，以各级中国人民银行征信登记机构作为理财产品质押的登记机关可能是更为合理的选择。

收费权质押与理财产品质押的登记机关思路类似，也应当作为应收账款处理，由人民银行征信登记机构作为质押登记机关。

至于排污权的公示过程，目前排污权交易仍然处于试点之中，尚未在全国铺开。若排污权交易形成一定的市场机制，必然会出现相应的排污权集中交易机构。届时该机构起到类似股权交易中心的作用，其最适合成为排污权质押的登记机构。

在保单担保的质押公示中，由于保单担保往往以保单所存在的现金价值作为担保的依据，虽然保单不是有价证券，不能简单地以交付权利凭证作为质押的公示方式。由于保单的特性，一方面可以将保单的移交作为质押合同的内容之一，另一方面还需要及时告知相应的保险公司作出登记，这样，便实现了以交付作为保单质押公示的效果。

在让与担保中，面临的情况更是复杂得多。关于这一点，将在后文结合德国、日本的让与担保来予以详述。

三、出租车经营权质押的合理性

在各类新型担保中，以出租车经营权质押为代表的特许权利质押遭到了最为广泛的批评。出租车行业的发展需求及经营许可资源的有限性，导致了客运出租汽车经营权的市场化流通，进而出现出租车经营权质押的探索和尝试。在一些大中型城市，客运出租汽车经营权质押已经成为一种新型融资方式，在实践中开展开来，甚至有些城市出台了相应的地方性法规或政府规章。客运出租汽车经营权质押，是指在实践中质押人以政府批准的客运出租汽车经营权作为权利质押标的，为自己或其他债务人融资，向债权人提供的一种担保。当债务人在债务履行期限届满未按约履行债务时，债权人（质权人）有权以该经营权转让所变现的价值优先受偿。然而客运出租汽车经营权能否作为质押的标的，这种融资方式是否合法合规，是否应进一步推广，值得深入探讨。

多数研究者认为，客运出租汽车经营权质押本身违法。将客运出租汽车经营权进行质押无法律依据，不具有合法性。对于通过政府行政许可授予的经营权可否质押，有学者持肯定意见。❶ 持此类观点的学者认为，我国《担保法》尽管没有明确规定经营权可以作为质押标的，但该法第 75 条第 1 款第 4 项规定的"依法可以质押的其他权利"中包含该等权利，其可以成为质权的标的。经营权具有财产属性，只要法律无禁止或不违反法律规定，即应该属于"可以质押的其他权利"这一类。也有学者认为，《民法典》对可以质押的权利作出了明确的规定，在第 440 条可以出质的财产权利中，并不包括客运出租汽车经营权。虽然第 440 条第 7 项作为兜底条款，规定"法律、行政法规规定可以出质的其他财产权利"可以质押，但是，目前法律和行政法规并没有规定客运出租汽车经营权可以出质。因此，客运出租汽车经营权并不能作为质押标的进行出质。不是所有的权利都适宜作为质押标的，比如禁止流通、限制流通的财产性权利，比如获得抚（扶）养费、教育费、工伤或人身损害赔偿费等专属于人身的财产性权利，用于基本生活保障的工资报酬等权利。能作为质押标的的权利，必须由法律作出明确规定。反观《担保法》第 75 条第 1 款第 4 项规定，也可以看出，"依法可以质押的其他权利"是存在范围限制的，不能以此无限扩大质押标的的外延。

　　同时，客运出租汽车经营权质押，并无全国性的法律或行政法规规定作为依据，其有偿使用甚至未得到国务院部门的认可和支持，无部门规章做依据。笔者注意到，交通运输部出台新规《出租汽车经营服务管理规定》（交通运输部令 2014 年第 16 号），于 2015 年 1 月 1 日起施行。该部门规章禁止"出租或者擅自转让出租汽车车辆经营权的"，同时规定"车辆经营权有效期限内，需要变更车辆经营权经营主体的，应当到原许可机关办理变更许可手续"，但需要审查新的车辆经营权经营主体的条件，提示车辆经营权期限等相关风险，并重新签订经营协议。这并不是出租汽车车辆经营权在两个主体间的转让。因此，对客运出租汽车经营权进行质押，不存在法律上的任何渊源，犹如无源之水、无根之木。

　　政府是将行政许可作为政府掌管的一项财产资源有偿出让给经营者，在

---

❶ 董露，闫格 . 关于出租车特许经营权能否抵押探析 [J]. 法制博览，2019（7）：169；李鸣 . 新型担保的法律规制探析 [D]. 重庆：西南政法大学，2015.

此前提下，允许获得资源的经营者作为自有财产用于交换和出质。换言之，政府将行政许可权用来经营，与出让国有土地使用权换取出让金的经营无异。除非有法律作出规定，政府不应将法律赋予的行政许可权利财产化，任何单位或个人基于行政许可获得的权利，也不宜作为自有财产来转让。客运出租汽车经营权的有偿使用是某些城市为建设发展需要而探索的行政资源有偿使用的一种方式，是不规范的，不符合科学发展、永续发展、规范发展和法治政府和法治社会建设的要求。

有研究者认为，客运出租汽车经营权不具备交换价值。❶ 设定担保的最终目的是以担保物的交换价值来保障债务的清偿，取得担保物的交换价值是设定担保物权的终极目的。因此，用以设定担保的标的物必须具备交换价值，可以用货币估价并可以转让。与普通经营权不同的是，在交通运输行政管理部门登记的客运出租汽车经营权实质上属于一种行政许可，并不具有交换价值，或者说法律否定其交换价值。一般来说，政府依法许可特定民事主体可从事某些行为的权利或资格，不可转让。《行政许可法》第 9 条规定，依法取得的行政许可，除法律、法规规定依照法定条件和程序可以转让的外，不得转让。我国法律法规、部门规章并未规定客运出租汽车经营权转让的法定条件和程序，并且有更多的地方政府明令禁止对道路运输经营许可证进行转让，如《石家庄市出租汽车管理条例》即明确规定禁止非法买卖、转让道路运输经营许可证。因其不可转让性，纵使能带来财产收益，客运出租汽车经营权也不具备交换价值。

此外，客运出租汽车经营权具有专属性。客运出租汽车经营权实质是一种资格，是符合条件的民事主体通过申请政府许可而获得的经营资格。其一，该民事主体必须符合条件且必须通过政府许可；其二，该资格授予提出申请并符合条件的特定主体，具有专属性。《中华人民共和国道路运输条例》以行政法规的形式，对从事客货运经营的民事主体所应具备的条件进行了规定。在此基础上，各地又以地方性法规或政府规章形式，对取得城市客运出

---

❶ 董露，闫格．关于出租车特许经营权能否抵押探析 [J]．法制博览，2019（7）：169；李鸣．新型担保的法律规制探析 [D]．重庆：西南政法大学，2015．

租车经营许可应具备的条件作出细化的规定，如《抚顺市客运出租汽车管理条例》规定，客运出租汽车经营者应具备以下条件："（一）有符合规定要求的客运车辆和相应的资金；（二）有符合规定要求的经营场所；（三）有符合规定要求的管理人员和驾驶员；（四）有与经营方式相配套的经营管理制度；（五）有独立承担民事责任的能力；（六）符合其他有关规定的条件。"各地规定也大抵如此。

所以，客运出租汽车经营权实质上是一种资质、资格，其本身并不具有物权价值，故不可进行质押和转让。并且，根据《中华人民共和国行政许可法》，通过行政许可授予的资格可以因某些法律事实而随时被撤销、吊销，甚至注销。

四、保证担保的独立性

首先，对于物权的独立担保问题，当前研究者一般认为物权不能独立担保。《担保法》第 5 条："担保合同是主合同的从合同，主合同无效，担保合同无效。担保合同另有约定的，按照约定。"《物权法》第 172 条第 1 款："设立担保物权，应当依照本法和其他法律的规定订立担保合同。担保合同是主债权债务合同的从合同。主债权债务合同无效，担保合同无效，但法律另有规定的除外。"关于主合同无效后担保合同的效力问题，原担保法和原物权法均以"主合同无效，担保合同无效"为原则，但例外规定并不一致。依据原担保法，当事人可以在担保合同中约定主合同无效，担保合同仍然有效；而原物权法否定了当事人以约定方式确定保证合同独立有效的权利，明确主合同无效时担保合同仍然有效的情形只能由法律规定。因此，对于原物权法规制的抵押权、质权、留置权三种担保物权，主合同无效的，担保合同无效；例外情形由法律规定，当事人不得约定担保合同独立于主合同单独有效。

其次，对于涉外领域的债权独立担保问题，研究者一般认定其有效。联合国独立担保与备用信用证公约于 1995 年 12 月 11 日在纽约经联合国大会通过。该公约支持商事实践的发展，承认保证人、开证行以及国际贸易中其他当事人依据其他国际规则行使其独立的银行保证和备用信用证项下的权利、义务的权利。该公约规定：其适用范围包含：（1）本公约适用于第 2 条所指的国际保证，且：（a）作出保证的保证人营业所所在地位于一缔约国；或者（b）国际私法规则导致适用某一缔约国的法律；但是，该保证排除本公约之适用者，则不在此限；（2）国际信用证者，虽不属于第 2 条的范围，但它明确规定受本公约调整者，本公约也可适用；（3）第 21 条、第 22 条之规定适用于第 2 条所称之国际保证，不受本条第 1 款之拘束。关于保证，该公约有以下规定。（1）为了适用本公约，保证系指一项独立的义务，国际惯例上称为：独立保证或备用信用证中的承诺或义务。银行或其他机构或个人（亦可称"保证人"）签发此类保函或备用信用证并承诺：一经请求或一经附其他单据的请求即行以符合保函的条款和任何单据条件、指示或可推知的条件的方式向受益人支付确定的或有限期的款项。付款已到期，包括以下原因：不履行义务；另一随附义务；借款、预付款；任何由主债务人/申请人或另一人所保证的到期债务。（2）保证可在下列情况作出：（a）经保证人的客户（主债务人/申请人）的请求或指示而作出；（b）按照另一银行、机构或个人（指示方）的指示而作出——该指示方系依其客户的请求而行事；（c）代表保证人本身而作出；（3）保证中之付款得以任何下列方式作出：（a）以特定货币或记账单位付款；（b）汇票之承兑；（c）延期付款；（d）特定的价值项目之提供。（4）保函得规定：保证人为另一人行事时，保证人自身可以同时为受益人。该条约特别强调了保证的独立性：就本公约而言，保证是独立的。保证人向受益人所负之义务：（a）并不依赖于任何基础交易的有效性或存在，亦不依赖于任何其他保证，包括：备用信用证或独立保函以及与此相关的确认书或反保函；或者（b）并不受本保证中未列之条件的拘束；亦不受任何未来的、不确定行为或事件的拘束；但是在保证人经营范围内提出此类文件、作出此类行为或发生此类事件者，不在此限。目前中国尚未加入该公约，但是依据《中华人民共和国涉外民事关系法律适用法》第 41 条的规定："当事人可以协议选择合同适用的法律。当事人没有选择的，适用履行义务最能体现该合同特征的一方当事人经常居所地法律或者其他与该合同有最密切联系的法律。"因此，当事人有权在国际贸易实践中适用独立担保。

在我国，独立保函已经得到了最高人民法院的认可❶，独立保函可以在国内适用。但是独立保函的外延远远小于独立担保。独立保函要求银行或非银行金融机构作为开立人，而独立保证对于提出的主体没有限制；独立保函要求以书面形式向受益人出具的，同意在受益人请求付款并提交符合保函要求的单据时，向其支付特定款项或在保函最高金额内付款的承诺，而独立保证没有明确的运行结构，也不一定存在"受益人"，其运行方式可以是多样的、广泛的。

最后，关于独立保证（独立保函除外）能否在国内适用的问题，实务界人士一般持否认态度，也有许多研究者持肯定态度。持否认态度者认为独立保证不恰当地放大了担保人的法律风险，容易造成权利义务的失衡；持肯定态度者认为，独立保证体现了双方的意思自治，不应当以强制方式规定必须确保保证的从属性。

五、存货动态质押的合法化

对于存货动态质押的合法性问题，不同研究者存在不同的态度，否认派认为存货动态质押不是物权法中规定的质押类型，因此违反了物权法定原则，存货动态质押无效；稳健派认为，应当首先肯定存货动态质押的合同效力，但对于存货动态质押的物权效力，应该区分来看，对于已经完成了交付的货物，应当认为设立了质押，而未能转移交付的货物，则不能转移交付；激进派认为，应当以立法的方式确认存货动态质押的合法性。

笔者认为，存货动态质押合法化问题的实质不是存货动态质押这一质押形式的问题，而是对交付与占有转移的认识问题。如果对转移交付作出宽泛化的解释，存货动态质押就可以以普通动产质押的方式取得合法性，不必创设新的质押方式。许多研究者对于交付的含义存在较大的分歧，笔者认为，交付的内涵应当和法律行为的目的结合起来理解，如果交付方式能够符合双方的意思与法律行为的目的，那么不妨作出宽泛的解释。一般认为，交付方

---

❶　《最高人民法院关于审理独立保函纠纷案件若干问题的规定》中对此已有规定。

式主要有以下几种：现实交付、简单交付、占有改定、指示交付、拟制交付。现实交付，即出卖人将标的物置于买受人的实际控制之下，是标的物直接占有的移转，此为交付的常态。简单交付，即买卖合同订立前，买受人已经通过租赁、借用、保管等合同关系实际占有标的物，标的物的交付系于合同生效的交付方式。占有改定，即动产物权的出让人与受让人之间特别约定，标的物仍由出让人继续占有，但在物权让与合同成立时，视为交付，受让人取得间接占有。指示交付，又称返还请求权让与，动产由第三人占有时，出让人将其对第三人的返还请求权让与受让人以代替支付。拟制交付，即出让人将标的物的权利凭证（仓单、提单）交与受让人以代替物的现实交付。而在对具体动产的占有方面，间接占有可以发挥更大的作用。间接占有是指占有人虽然不对物予以直接占有，但对于直接占有该物的人具有返还请求权，从而间接地对该物具有管理、支配、处分的状态。例如出质人、出租人、寄托人等对质物、出租物、寄存物是间接占有人。间接占有不能独立存在，间接占有人与直接占有人之间必须存在一定的法律关系，如质权关系、租赁关系、保管关系。严格地说，间接占有并非真正实际上的占有，所以占有的保护有时仅限于直接占有人。在此情况下，如果认可与质权人具有合同关系的第三方来直接占有管理存货，质权人依据占有返还请求权来间接占有质物，实现对于质物的控制，便解决了存货动态质押不被认为存在占有事实的质疑问题。

从另一个层面来看，出质人所有的存货，在实践中可能具备有种类物的性质，我们不能粗暴地、死板地将出库的动产视为丧失占有，而拒绝承认新放入的动产的占有事实。存货动态质押虽然质押物处于流动之中，但是在特定的时间节点上是完全确定的，不会存在质物占有关系不清或者产权不明的情况。因此，尽管存货动态质押的实现形式和普通动产物权质押存在一定的区别，但是完全能够被纳入普通动产质押之中。存货动态质押的合法性问题其实是对于占有与交付的理解与解释问题。

六、小　　结

在新型担保问题的理论研究上，当前专家学者关注有五大问题。在新型物权担保方面，客体的合法性问题是影响众多新型物权担保合法性的关键问题，若确认了这些客体的合法性，则租赁权质押、出租车经营权质押、理财产品质押、保单质押、排污权质担保、收费权质押就将具备合法性，而存货动态质押所面临的问题不在于客体的合法性，而在于方式是否合法，至于金钱质押，其已经得到了司法解释的明确支持，因而能够得到确认；在新型债权担保方面，独立保证吸引了更多研究者的关注；让与担保作为跨越物权担保和债权担保的担保类型（但实质是债权担保），也面临担保方式的合法性与公示等问题。此外，从营商环境的角度来看，出租车经营权质权还面临合理性问题。

第三节　新型担保审判实践之分析

在新型担保的审判实践中，笔者借助了 Alpha 智能法律系统，通过对涉及新类型担保关键词的集合检索，找到了目前在裁判文书网上已经公开的全部裁判文书，经过对这些裁判文书的统计，得出了这些裁判文书分布上的可视化结果。逐项检索 5000 多份裁判文书，从中挑选出了最具有典型性，命中度最高的裁判文书，提取关键信息后汇总，并有针对性地进行解读。

一、新型担保裁判的大数据可视化分析

通过设定"租赁权质押""租赁经营权质押""租赁权抵押""租赁经营权抵押""出租车经营权质押""出租车经营权抵押""理财产品质押""保单质押""保险单质押""金钱质押""货币质押""现金质押""排污权质押""排污权抵押""收费权质押""存货质押""动态质押""存货动态质押""保理""保付代理""让与担保""回购担保""附条件返租""返租担保""独立保证"作为检索关键词，涵盖了本书所涉及的所有新型担保方式及其别称，将这些关键词合并检索，共得到 5307 条裁判文书结果。

涉及新型担保的裁判文书在时间上的分布变化，可以反映出新型担保案

件数量的增长趋势，而在新型担保案件的地域分布上，能够明显看出新型担保案件在我国不同省份均有出现；从案由上看，新型担保案件除了涉及普通民事领域以外，在行政领域、刑事领域也时有发生；从新型担保案件所涉及的标的额来看，新型担保案件，绝大多数案件标的额很小，但也不乏标的额特别大的民事案件；此外，笔者还统计了新型担保案件被引用最多的程序法和实体法；而从涉及的行业来看，新型担保在金融业和房地产业中出现最为频繁，经过梳理、统计如下。

1. 涉及新型担保的裁判文书数量与时间的关联关系（见图 3-1）

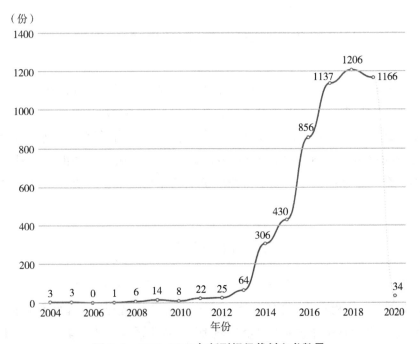

图 3-1　2004~2020 年新型担保裁判文书数量

从时间上看，2013 年及其之前的新型担保裁判文书不足 100 份。而从 2014 年开始，相关裁判文书数量出现了极大的增长，在 2018 年达到顶峰，为 1206 份。而在 2019 年，可能是由于部分文书还没有上传到网上的原因，数量少于 2018 年。实践中，大量的新型担保案件其实以调解方式结案，原因在于当事人对于新型担保的效力存有担心，审判机关也对其拿捏不准，因此此数据可能存在一定程度的低估。综合来看，新型担保裁判文书数量的增长速度远远高于传统案件的增长速度，新型担保案件已经成为司法视野中无法忽视的存在。

2. 涉及新型担保的裁判文书地域分布特点（见图3-2）

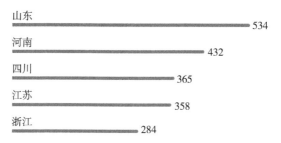

图3-2 我国新型担保裁判文书主要地域分布

从新型担保在我国地域分布上看，山东省、河南省、四川省的文书数量分别位列前三，其中，山东省以534份裁判文书位列全国第一。经过检索发现，全国每一个省份均存在至少一份裁判义书。从新型担保裁判义书的分布特点上，可以清晰地发现，在人口较多和经济较发达的地区，相关裁判文书的数量也较多，如山东省、河南省、四川省、江苏省和浙江省。

3. 涉及新型担保的裁判文书案由分布特点（见图3-3）

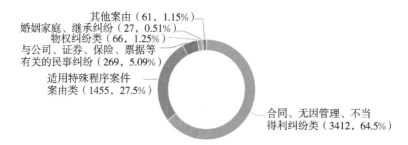

图3-3 我国新型担保裁判文书涉及案由分布

由图3-3可知，新型担保在裁判文书系统中，出现比例最高的是民事案由。但在执行文书和刑事案件裁判文书中，也出现了有关新型担保的内容。

4. 涉及新型担保的裁判文书行业领域分布特点（见图3-4）

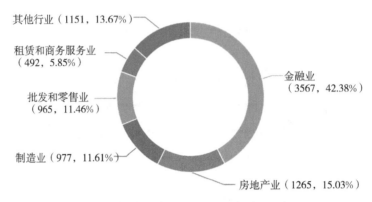

图3-4 我国新型担保裁判文书涉及行业领域分布

在涉及新型担保的裁判文书中，行业领域分布的情况如下：在金融业、房地产业和制造业中出现的新型担保的裁判文书数量最多，分别为3567件、1265件和977件，以上三个领域占比合计达到约70%，这表明新型担保在金融业、房地产业等领域的应用已经变得日益广泛。

5. 涉及新型担保的裁判文书引用法条情况（见图3-5）

在统计范围内的5307份裁判文书中，被引用最多的条款是《担保法解释》第85条这一金钱担保的特定化规则。而同样居于引用频率前五的条文分别为质权设立规则、质权合同条款规则、借款合同还款期限问题、逾期利息问题。这些共同反映了新型担保广泛用于借贷关系担保的事实。被引用最频繁的是《民事诉讼法》第253条，它规定的是延迟履行利息的问题；引用频率排第二的《民事诉讼法》第144条，它规定的是缺席判决的问题，这说明在使用新型担保的过程中，有相当比例的案件存在缺席判决的情况；第227条规定的是案外人提出书面异议以及其审查的问题，这表明，新型担保与执行异议之诉密切相关。在此处值得注意的是，2017年修正过的《民事诉讼法》和2012年修正的《民事诉讼法》时，在此分别

统计，《民事诉讼法》第 253 条亦同。❶

6. 涉及新型担保的裁判文书法院分布特点（见图 3-6）

从作出这些判决或裁定的法院来看，成都市新都区人民法院数量位居第一；上海浦东新区人民法院数量位于第二；郑州市中级人民法院位居第三；最高人民法院位居第四。在新型担保的裁判文书中，作出裁判文书的法院的统计结果表明，不同层级的法院在新型担保的问题上均有出现，其中，基层法院仍然占据了绝对的主导地位，而最高人民法院对该问题也有相当关注。

7. 涉及新型担保的裁判文书适用程序分布特点（见图 3-7）

图 3-7 表明，涉及新型担保的案件大多数为一审案件。结合全裁判文书网上案件的平均上诉率约为 54.6%，平均再审率为 10% 来看，其中超过半数

---

❶ （1）《最高人民法院关于适用〈担保法〉若干问题解释》第 85 条规定："债务人或者第三人将其金钱以特户、封金、保证金等形式特定化后，移交债权人占有作为债权的担保，债务人不履行债务时，债权人可以以该金钱优先受偿。"（2）《物权法》第 212 条规定："质权自出质人交付质押财产时设立。"（3）《物权法》第 210 条规定："设立质权，当事人应当采取书面形式订立质权合同。质权合同一般包括下列条款：（一）被担保债权的种类和数额；（二）债务人履行债务的期限；（三）质押财产的名称、数量、质量、状况；（四）担保的范围；（五）质押财产交付的时间。"（4）《合同法》第 206 条规定："借款人应当按照约定的期限返还借款。对借款期限没有约定或者约定不明确，依照本法第六十一条的规定仍不能确定的，借款人可以随时返还；贷款人可以催告借款人在合理期限内返还。"（5）《合同法》第 207 条规定："借款人未按照约定的期限返还借款的，应当按照约定或者国家有关规定支付逾期利息。"（6）《民事诉讼法》第 253 条规定："被执行人未按判决、裁定和其他法律文书指定的期间履行给付金钱义务的，应当加倍支付迟延履行期间的债务利息。被执行人未按判决、裁定和其他法律文书指定的期间履行其他义务的，应当支付迟延履行金。若执行人未履行，可向法院申请强制执行，法院按照法定程序，运用国家强制力量，根据执行文书的规定，强制民事义务人完成其所承担的义务，以保证权利人的权利得以实现。执行文书包括发生法律效力的民事判决书、裁定书以及依法应由法院执行的其他法律文书。"（7）《民事诉讼法》第 227 条规定："执行过程中，案外人对执行标的提出书面异议的，人民法院应当自收到书面异议之日起十五天内审查，理由成立的，裁定中止对该标的执行；理由不成立的，裁定驳回。"案外人、当事人对裁定不服，认为原判决、裁定错误的，依照审判监督程序办理；与原判决、裁定无关的，可以自裁定送达之日起十五日内向人民法院提起诉讼。（8）《民事诉讼法》第 144 条规定："缺席审判被告经传票传唤，无正当理由拒不到庭的，或者未经法庭许可中途退庭的，可以缺席判决。"

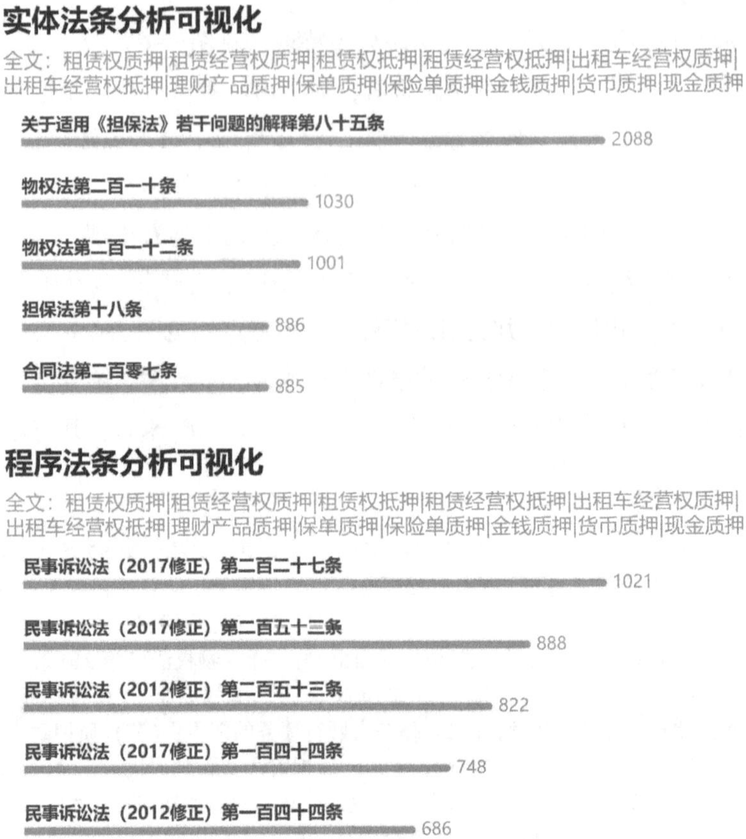

实体法条分析可视化

全文：租赁权质押|租赁经营权质押|租赁权抵押|租赁经营权抵押|出租车经营权质押|出租车经营权抵押|理财产品质押|保单质押|保险单质押|金钱质押|货币质押|现金质押

关于适用《担保法》若干问题的解释第八十五条　2088

物权法第二百一十条　1030

物权法第二百一十二条　1001

担保法第十八条　886

合同法第二百零七条　885

程序法条分析可视化

全文：租赁权质押|租赁经营权质押|租赁权抵押|租赁经营权抵押|出租车经营权质押|出租车经营权抵押|理财产品质押|保单质押|保险单质押|金钱质押|货币质押|现金质押

民事诉讼法（2017修正）第二百二十七条　1021

民事诉讼法（2017修正）第二百五十三条　888

民事诉讼法（2012修正）第二百五十三条　822

民事诉讼法（2017修正）第一百四十四条　748

民事诉讼法（2012修正）第一百四十四条　686

图3-5　涉及新型担保的裁判文书引用法条情况

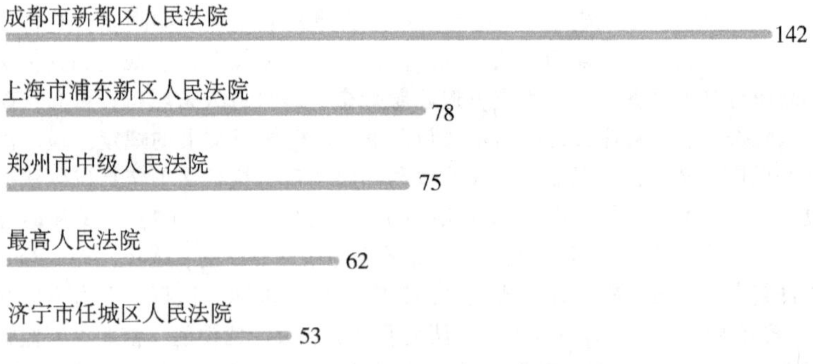

成都市新都区人民法院　142

上海市浦东新区人民法院　78

郑州市中级人民法院　75

最高人民法院　62

济宁市任城区人民法院　53

图3-6　新型担保裁判文书法院分布状况

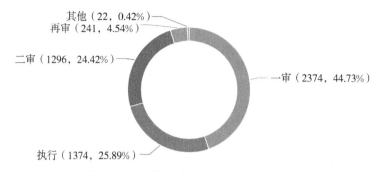

图 3-7　新型担保裁判文书适用程序分布

的案件都进入二审程序，上诉率明显较高；再审率为 8.3%，也数倍于一般民事案件的平均再审率。且其中大量案件都需要法院强制执行，在新型担保案件中，再审比例明显偏高。这组信息表明，新型担保案件在案情复杂程度和法律适用争议上明显多于传统案件。

8. 涉及新型担保的裁判文书审理期限分布特点（见图 3-8）

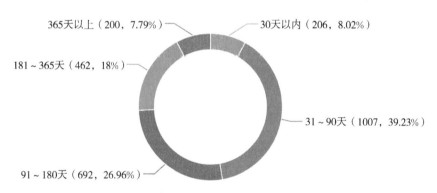

图 3-8　新型担保裁判文书审理期限分布

图 3-8 表明，迅速审结的新型担保案件和久拖不决的新型担保案件占比极少，绝大多数新型担保案件都在普通程序或简易程序的正常审限之内。与裁判文书网全库的民事案件数据相比，新担保案件的审理期限明显较长。

9. 涉及新型担保的裁判文书裁判结果分布特点（见图 3-9、图 3-10）

考虑到新型担保案件的原告多半具有实现担保物权的目的，而绝大部分新型担保案件的一审起诉得到了人民法院的支持。这也表明当前我国司法机

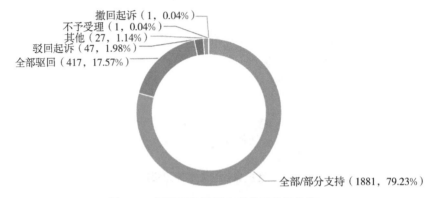

撤回起诉（1，0.04%）
不予受理（1，0.04%）
其他（27，1.14%）
驳回起诉（47，1.98%）
全部驳回（417，17.57%）

全部/部分支持（1881，79.23%）

图 3-9　新型担保裁判文书裁判结果分布一

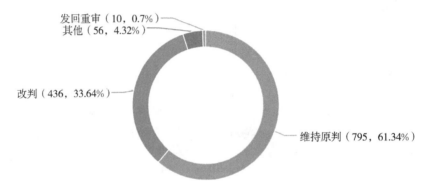

发回重审（10，0.7%）
其他（56，4.32%）

改判（436，33.64%）

维持原判（795，61.34%）

图 3-10　新型担保裁判文书裁判结果分布二

关对于新型担保形态较为开放的态度。在具体比对中可知，在大多数新型担保类型中，我国审判机关不会轻易否认新型担保的效力。从新型担保案件的支持比例上看，79.23%的支持率远高于全网平均 41%的支持率，而撤诉率 0.04%则远低于全国平均的 23%。

从二审裁判结果中可见，维持原判数量为 795 件，维持原判率为 61.34%，略高于全国平均水平 62.99%。但与此同时，改判率为 33.64%，远远高于全国平均的 12.06%的改判率。

10. 涉及新型担保的裁判文书标的额分布特点（见图 3-11）

新型担保案件的标的额大多数在 100 万元以下，标的额为 50 万元以下的案件数量最多，有 1509 件，100 万元至 500 万元的案件有 874 件，500 万

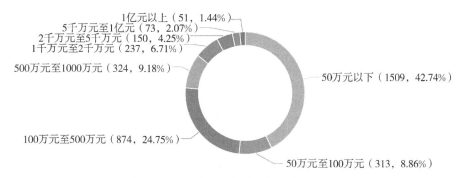

图3-11　新型担保裁判文书标的额分布

元至1000万元的案件有324件，50万元至100万元的案件有313件，1000万元至2000万元的案件有237件。随着金额的增长，案件数量与案件数量占比在逐渐降低。相比全网90.13%的案件的标的额在50万元以下，新型担保案件的平均标的额相对较高。

二、新型物权担保典型案例

涉及新型物权担保问题，本书选取了争议较大的租赁权质押、保单质押和存货动态质押问题中出现的案例进行分析。❶

1. 否认租赁权质押担保：上海先锋电力传动设备有限公司诉上海中科智融资担保有限公司追偿权纠纷（节选）❷

原审法院审理查明，2012年4月11日，先锋电力公司为资金周转，向案外人汪某某借款人民币（以下币种同）500万元，签订了编号为（2012年）借字0406号《借款合同》。合同约定，借款期限为90天，以借款转存凭证为准，自转存至先锋电力公司指定账户日起算；按月计息，月利率为2%，到期后一次性归还本金；先锋电力公司未按约归还借款的，案外人汪某某有权按照借款本金余额按日利率千分之三计收违约金，至借款全部结清日止，归还款项冲减顺序依次为：费用、利息、本金。

---

❶　其他未提及的案例，可参考附录，并在裁判文书网中查询阅读。
❷　（2016）沪01民终289号。

同日，先锋电力公司与中科智公司签订了《委托担保协议书》，约定中科智公司为先锋电力公司上述借款合同项下的债务提供信用担保，保证范围为主合同项下债务的本金 500 万元及其产生的利息、罚息、复利、违约金、损害赔偿金、债权人实现债权的费用等全部债务；中科智公司担保的主合同项下债务的履行期限为 90 天。中科智公司代偿后，先锋电力公司应当按照银行同期贷款利率向中科智公司支付代偿款的利息（自中科智公司代偿之日起计至先锋电力公司实际偿还代偿款项之日止），还应按代偿款总额以每日千分之二向中科智公司支付违约金，即违约金 = 中科智公司已代偿款项总额 $\times 2‰ \times$ 实际垫款天数。先锋电力公司需向中科智公司提供反担保，以具体的反担保合同或协议的内容为准。

同日，先锋电力公司与中科智公司签订了《租赁权质押（反担保）协议书》，约定先锋电力公司自愿以其合法取得的位于上海市闵行区××路×××号房产的租赁权质押给中科智公司，担保范围包括：中科智公司"所提供担保 500 万元的借款本金、利息、罚金、违约金、损害赔偿金以及贷款人以及中科智公司实现债权的费用"；中科智公司自代偿之日起承继先锋电力公司对于上海市闵行区××路×××号房产的租赁权，即中科智公司承继租赁合同中先锋电力公司所有的权利和义务；中科智公司有权收取该房产的全部收益直至中科智公司的全部担保债权以及实现担保债权的相关费用清偿完毕时止；先锋电力公司对中科智公司的债权清偿完毕后，中科智公司与第三人上海先锋实业公司的租赁关系自动结束，由第三人上海先锋实业公司决定该房产租赁权归属。根据上海市房地产登记簿记载，上述上海市闵行区××路×××号房产的所有权人（出租人）系第三人上海先锋实业公司，承租人系先锋电力公司，租赁期限为 2009 年 11 月 1 日至 2023 年 9 月 30 日，于 2009 年 12 月 22 日办理房屋租赁登记，登记证明号：闵 200912068498。中科智公司提供的登记证明号为闵 200912068498 的《上海市房地产登记证明文件登记（房屋租赁合同）》的复印件记载信息与之相符。涉案《租赁合同》系第三人上海先锋实业公司与先锋电力公司于 2002 年 8 月 8 日签订，约定：第三人系出租人、先锋电力公司系承租人；租赁物为第三人享有所有权的××路×××号共 16 亩场地；租赁期限 20 年，自 2003 年 10 月 1 日至 2023 年 9 月

30 日……中科智公司取得该《租赁合同》的原件。第三人上海先锋实业公司向中科智公司出具《确认书》，确认知悉并认可中科智公司与先锋电力公司上述租赁权质押关系，并确认《租赁合同》的租赁物"××路×××号共16亩场地"即包括"××路×××号房产"。

……

原审法院认为，涉案《借款合同》《保证合同》《委托担保协议书》《反担保保证书（自然人反担保）》《反担保保证书（法人反担保）》《抵押（反担保）协议书》均系各方当事人真实意思表示，合法有效，当事人理应恪守。现先锋电力公司未按约向汪某某偿还借款，中科智公司依约向汪某某履行了代偿义务，先锋电力公司未偿还该代偿款项，中科智公司有权根据《委托担保协议书》要求先锋电力公司归还代偿款并支付利息及违约金。就利息的利率，中科智公司主张按照中国人民银行同期同档贷款利率，符合法律规定，予以支持；就违约金的计算利率，中科智公司调整为中国人民银行同期同档贷款利率的三倍，符合法律规定，予以支持。关于租赁权质押，《租赁权质押（反担保）协议书》系当事人真实意思表示，该租赁权系先锋电力公司合法取得，中科智公司取得该租赁权的权利凭证即《租赁合同》原件、相关房产租赁亦进行了登记，租赁房产的所有权人、出租人即第三人上海先锋实业公司对该租赁权质押予以确认，故中科智公司要求对租赁房产的租赁权实现质权的主张，予以支持。

……

原审法院判决后，先锋电力公司不服判决，向本院提起上诉称：其已偿还中科智公司95万元，原审判决后，曹某某已向中科智公司支付200万元，上述款项应在代偿款中予以扣除。由于先锋电力公司内部曾发生实际控制人更迭，在涉讼《租赁权质押（反担保）协议书》签订过程中，先锋电力公司原实际控制人何某某伪造上海先锋实业公司的公章和法定代表人签名章，实际上海先锋实业公司并不知晓上述情况，也未表示同意，其出具的《确认书》系伪造，故涉讼租赁权质押应无效。先锋电力公司据此请求本院撤销上海市浦东新区人民法院（2014）浦民六（商）初字第9905号民事判决，并：1. 重新判定先锋电力公司应向中科智公司支付的代偿款金额及相应利息、违约金；2. 改判先锋电力公司与中科智公司之间的租赁权质押行为无效。

......

中科智公司辩称，先锋电力公司并未返还代偿款 95 万元，不同意将上述金额在代偿款中予以扣除。原审判决后，中科智公司与曹某某达成了和解，曹某某已向中科智公司偿还了代偿款 200 万元，中科智公司同意免除曹某某的担保责任，并已向原审法院申请解除对曹某某名下财产的查封，现申请撤回对曹某某的诉讼请求，并同意在原审判决认定的债权金额上减去 200 万元。《租赁权质押（反担保）协议书》是双方当事人的真实意思表示，租赁权质押的法律依据是《中华人民共和国物权法》第二百二十三条第七项"法律、行政法规规定可以出质的其他财产权利"和《中华人民共和国担保法》第七十五条第四项"依法可以质押的其他权利"。涉讼租赁权质押不违反法律、行政法规的强制性规定，也获得了出租人上海先锋实业公司的同意，因此合法有效。

......

关于涉讼租赁权质押的效力问题，本院认为，首先，根据物权法定原则，权利质押应当由物权法明确规定。中科智公司主张其享有租赁权质押权的法律依据是《中华人民共和国物权法》第二百二十三条第七项"法律、行政法规规定可以出质的其他财产权利"和《中华人民共和国担保法》第七十五条第四项"依法可以质押的其他权利"，但目前尚无法律、行政法规明确规定不动产租赁权可以作为权利质押的标的，故中科智公司上述主张缺乏法律依据，本院难以支持。

其次，根据《租赁合同》关于租赁场地用途的约定、涉讼租赁物的实际经营情况，以及中科智公司关于通过收取转租租金实现债权的表述，本院认为《租赁权质押（反担保）协议书》之所以约定将租赁权出质，乃基于先锋电力公司根据《租赁合同》享有涉讼租赁房产的转租收益权。转租收益权乃是承租人基于租赁关系，将其承租到的设施提供给他人使用，并收取对价的金钱债权，应属于《中华人民共和国物权法》第二百二十三条第六项规定的"应收账款"。根据该法第二百二十八条的规定："以应收账款出质的，当事人应当订立书面合同。质权自信贷征信机构办理出质登记时设立。"中国人民银行发布的《应收账款质押登记办法》亦将出租动产或不动产产生的金钱债权纳入应收账款质押登记的范围。因此若中科智公司与先锋电力公司欲将涉讼租赁房产的转租收益权质押，应到相关征信机构办理出质登记手续，由于其未办理出质登记手续，因此涉讼租赁权质权尚未设立。中科智公司主张享有涉讼租赁权质权缺乏法律依据，本院不予支持。

再次，根据《租赁权质押（反担保）协议书》关于实现质权具体方式的约定，中科智公司自代偿之日起承继《租赁合同》中先锋电力公司所有的权利和义务。而根据《租赁合同》，先锋电力公司不仅享有租赁标的的转租收益权，还负有每年向上海先锋实业公司支付场地租金的义务。本院认为，此种权利和义务的概括继承，并不符合一般权利质押的常态，不宜将其认定为权利质押。若中科智公司认为其可以依据《租赁权质押（反担保）协议书》对先锋电力公司享有合同法上的相关权利，可以另案主张。上海先锋实业公司关于《确认书》上公章和法定代表人章系伪造的主张及相关举证目的，与本案处理结果无关，本院在此不做审查。

……

在该案中，双方围绕涉诉租赁权质押展开了激烈的正面交锋，首先在租赁权的法律适用上，一方认为租赁权质押不合法，违反了物权法定原则，另一方则认为租赁权质押属于法律规定的"其他权利质押"的范畴。而在事实与证据层面上，一方认为租赁物的所有权人，该案的案外人所出具的材料系伪造，因此涉案租赁权质押没有设立。一审法院认可了该案中租赁权质押的效力，而二审法院则最终裁决该租赁权质押违法、无效。其理由主要可以归纳为三点：第一，租赁权不是法律许可的质权类型；第二，该法院将租赁权质押解释为一种特殊的应收账款质押（《租赁合同》享有涉讼租赁房产的转租收益权。转租收益权乃是承租人基于租赁关系，将其承租到的设施提供给他人使用，并收取对价的金钱债权，应属于《物权法》第223条第6项规定的"应收账款"），从而根据应收账款质押的规定来裁判租赁权质押；第三，法院还认为先锋电力公司不仅享有租赁标的的转租收益权，还负有每年向上海先锋实业公司支付场地租金的义务。二审法院认为，此种权利和义务的概括继承，并不符合一般权利质押的常态，不宜将其认定为权利质押，从而否认了租赁权质押的适用。

对于案例中法院的判决，笔者认为其具备一定的合理性，也为审理类似案件提供了崭新的思路。对于该院判决的三点主要理由，这些理由单独列出均存在一定的合理性，目前的确没有任何法律法规或者司法解释明确认可租赁权质押的法律效力，将租赁产生的权益理解为"转租收益权"，从而应收账款化具备一定的解释力，但是对于"权利质押的常态"这一点的解释仍然存在一定的不合理，质押的过程必然意味着部分权利和部分义务的转移过程，这一过程不应当被视为"概括继承"，况且在此过程中，缴纳租金的义务不见得已经发生转移，而是仍然由原承租人支付，因此在这一问题上的表述仍然不够清晰。

2. 承认租赁权质押担保：湖北大正投资担保有限公司与荆州市正丰饲料有限公司、刘某某企业借贷纠纷❶（节选）

原告湖北大正投资担保有限公司诉称：2013 年 5 月 14 日，被告荆州市正丰饲料有限公司向湖北银行股份有限公司荆州分行借款 300 万元人民币，用于购买生产原材料，维持企业正常经营。被告荆州市正丰饲料有限公司与湖北银行股份有限公司荆州分行签订 C2013 借 200605140005《合同》，期限为一年，从 2013 年 5 月 14 日至 2014 年 5 月 14 日止。原告应被告申请，与湖北银行股份有限公司签订了 C2013Y 保 200605140001《保证合同》，保证到期归还上述借款。2014 年 4 月 3 日，被告荆州市正丰饲料有限公司再次向湖北银行股份有限公司荆州分行借款 50 万元人民币，并签订 C2014 借 20060030003《合同》，被告与原告再次签订 C2014Y 保 200604030001《合同》，期限为一年，从 2014 年 4 月 3 日至 2015 年 4 月 3 日止。2014 年 3 月 28 日，被告与原告签订了 2014 年抵字 201401022801 号《反担保抵（质）押合同》，将其所拥有的位于荆州区川店镇紫荆村证号为荆州集用（2010）201002881 号，面积为 2791.30 平方米的土地及地上 1847.54 平方米建筑物和证号为荆州集用（2010）201010005 号，面积为 1771.17 平方米的土地及

---

❶ （2015）鄂荆州区民初字第 00387 号。

地上 1345.85 平方米的建筑物抵押给原告作为反担保。原告与被告办理了抵押登记，他项权证号为荆州他项（2012）第 024 号和荆州他项（2013）第 185 号。同时，被告荆州市正丰饲料有限公司和紫荆村委会还与原告签订了《精养鱼池养殖场经营权质押合同》和《土地租赁经营权质押合同》，将其所拥有的紫荆鱼王农庄的土地和精养鱼池养殖场经营权质押给原告。被告刘某某与原告签订了《不可撤销的保证协议书》，向原告提供连带责任保证作为反担保，保证到期归还上述 350 万元人民币的贷款。其间，被告荆州市正丰饲料有限公司法定代表人李某某意外身亡，导致贷款到期后未能按约定偿还借款，原告为维护公司信誉，履行担保责任，于 2014 年 9 月 30 日和 2014 年 10 月 17 日分两次向湖北银行荆州分行代偿借款本息合计 3632151.96 元。特请求法院判令被告归还湖北银行股份有限公司荆州分行担保贷款人民币 350 万元整。

　　……

　　对原告要求对被告拥有位于荆州区川店镇紫荆村的紫金鱼王农庄的经营权享有优先受偿权问题，经审查，原、被告签订《土地租赁权质押合同》时，系四方共同签订，即甲方湖北大正投资担有限公司、乙方荆州市正丰饲料有限公司、丙方李某某、丁方荆州市荆州区川店镇紫荆村村民委员会。该合同中第二条约定，在乙方没有还清银行贷款本息时，丁方不得同意丙方办理转租或转让手续，如的确需要办理转租或转让手续，乙、丙、丁三方必须经甲方同意才能办理转租或转让手续，否则丙、丁双方要对乙方借款本息承担连带还款责任。由此可以看出紫荆村村民委员会是明确同意了土地租赁权质押一事，并有监督协调之责。为此，本院认为该合同并不违反我国政策法律之规定，原告理应对被告租赁土地经营权享有优先受偿的权利。被告刘某某明确为被告担保承担连带担保责任。

　　在该案中，被告荆州市正丰饲料有限公司和紫荆村委会还与原告湖北大正投资担保有限公司签订了《精养鱼池养殖场经营权质押合同》《土地租赁经营权质押合同》，将其所拥有的紫荆鱼王农庄的土地、精养鱼池养殖场经营权质押给原告。此处的租赁经营权质押虽然与本书中常用的租赁权质押表述不同，但是对于质押合同的效力，法院予以正面的确认，对于其物权效力予以确认，但回避了对租赁权质押的探讨。该案说明，在设立租赁权担保的过程中，由出租人、承租人、质押权人三方共同参与缔结合同的形式似乎优于承租人与质押权人签订合同，再由出租人备案的形式。这种方式更加有利于租赁权的登记备案，并强调出租人的监管性义务。

3. 承认出租车经营权质押：中保世纪资产管理（北京）有限公司与辽宁艳文出租汽车有限公司、张某甲、陈静珠、张某乙借款合同纠纷民事判决书

2014 年 8 月 27 日，委托人中信公司与受托人锦州银行沈阳分行签订协议编号为：锦银沈阳分行［2014］年委托字第［YYB098］号《委托贷款委托协议》。约定委托人委托受托人向被告艳文出租车公司发放贷款，金额为人民币 3550 万元，委托贷款的期限为 36 个月，自 2014 年 8 月 27 日至 2017 年 8 月 26 日，委托贷款利率为 8.46%。借款人在 2014 年 8 月 26 日向受托人办理一次性提款手续。分期还款，具体还款计划如下：2015 年 8 月 26 日，还款 500 万元整；2016 年 8 月 28 日还款 500 万元整；2017 年 8 月 26 日还款 2550 万元整。委托贷款手续费支付途径，由受托人从借款人在受托人处开立的结算账户中主动按年扣收委托贷款金额 1‰的手续费。同日中信公司作为委托人与受托人锦州银行沈阳分行，借款人艳文出租车公司签订编号为锦银沈阳分行［2014］年委借字第［YYB098］号《委托贷款借款合同》及其补充协议。约定：本合同项下的委托贷款金额为 3550 万元整，贷款期限为 36 个月，自 2015 年 8 月 27 日至 2017 年 8 月 26 日止，本合同项下的贷款利率为 8.46%，按季付息，付息日为每季度第三个月的 20 日。借款人按下列还本方式按时足额还款：2015 年 8 月 26 日，还款 500 万元整；2016 年 8 月 26 日还款 500 万元整；2017 年 8 月 26 日还款 2550 万元整。违约责任：借款人不按期归还贷款本息，受托人有权按委托人书面指令在本合同贷款利率的基础上，根据违约金额和违约期限，按每日万分之五计收罚息。贷款期间借款人发生破产、吊销营业执照、停业、解散、经营不善严重资不抵债、有严重逃债行为或有其他危及贷款安全的情况时，受托人可以根据委托人的要求，提前收回贷款及采取其他措施。同日签订的补充协议约定，管理费以贷款本金为计费基数，按照 0.03% 的年费率计算，托管费以贷款本金为计算基

数，按照 0.02% 年费率计算。

同日，被告艳文出租车公司与锦州银行沈阳分行签订编号为锦银沈阳分行［2014］年质字第［YYB098］号《借款质押合同》（以下简称"质押合同"）约定由被告艳文出租车公司为借款合同项下的借款本金、利息、复息、罚息、违约金、损害赔偿金和实现质权及担保权所发生的一切费用提供质押担保。合同附件"质押权利清单"记载了被告用以质押的 102 本沈阳市客运出租汽车运营证照有偿使用凭证号码。2014 年 8 月 27 日双方到沈阳出租汽车租赁行业协议办理了上述 102 本出租汽车运营证照有偿使用凭证的质押登记，并将出租汽车营运证照有偿使用凭证质押在锦州银行沈阳分行处。

法院认为，关于质押效力问题，案涉出租车经营权，系一种私有财产权，是一段时间内的固定收入，实际上是一种收益权，应归入可转让的债权一类，可进行质押。出租车经营权质押的效力不受登记对抗制度制约。《道路交通安全法》第 12 条规定：有下列情形之一的，应当办理相应的登记：1. 机动车所有权发生转移的；2. 机动车登记内容变更的；3. 机动车用作抵押的；4. 机动车报废的。《道路交通安全法实施条例》第 4 条规定：机动车的登记，分为注册登记、变更登记、转移登记、质押登记和注销登记。基于上述机动车法定登记类型的范围，机动车配套登记制度中并不包括出租车经营权登记，登记对抗制度准用于出租车经营权质押的前提还不具备。据此，出租车经营权质押应自营运执照交付原告方时发生效力，本院认定中保资产公司对艳文出租车公司质押的 102 本沈阳客运出租汽车营运证照有偿使用凭证拍卖、变卖所得价款享有优先受偿权。

4. 承认保单质押担保：中国银行股份有限公司吴江分行与苏州闽隆织造有限公司、吴江天信勤丰纺织有限公司等金融借款合同纠纷❶（节选）

2015 年 5 月 26 日，曙光公司与中行吴江分行签订编号为中银（吴江中小）授字第 2015 年第 030 号《授信额度协议》一份，约定中行吴江分行向曙光公司提供贷款授信额度 700 万元，授信额度使用期间为该协议生效之日起至 2016 年 5 月 24 日止；协议项下债务由闽隆公司、天信勤丰公司、锦福

---

❶ （2017）苏 0509 民初 3546 号。

公司、展华公司、文兴公司、洪文某、洪琼某、欧阳某某、吴某某、洪振某、留某某、洪天某、洪珊某提供最高额保证，并签订相应最高额保证合同，由欧阳某某名下保单提供最高额质押，并签订相应最高额质押合同；若曙光公司未按约履行支付和清偿义务，则构成违约，中行吴江分行有权宣布本协议、单项协议项下尚未偿还的贷款、融资款项及保函垫款本息和其他应付款项全部或部分立即到期；中行吴江分行有权要求保证人承担保证责任，同时要求曙光公司赔偿因违约给中行吴江分行造成的损失，包括但不限于基于主债权之本金所发生的利息（包括法定利息、约定利息、复利、罚息）、违约金、损害赔偿金、实现债权的费用（包括但不限于诉讼费、律师费、公证费、执行费等）、因曙光公司违约而给中行吴江分行造成的其他损失和其他所有应付费用等。

2015 年 3 月 27 日，欧阳某某在中国人民人寿保险股份有限公司（以下简称"人寿保险公司"）投保了人保寿险金鼎富贵两全保险（分红型），合同编号为 320116413565360 号，保险金额 1 699 200 元，保险费 1 600 000 元（一次交清），保险期间 5 年，被保险人为欧阳某某。

2015 年 3 月 28 日，欧阳某某作为投保人及被保险人向中行吴江分行及人寿保险公司出具《中国银行个人质押保单保险权益转让书》，同意以合同编号为 320116413565360 号保险合同项下所享有的保险权益质押给中行吴江分行申请保单质押贷款；同意人寿保险公司中止其本人行使保单项下相关权益（但保单相关义务仍由本人履行），不办理保险合同项下挂失补发、投保人变更、解除合同、保费垫交、减保、减额交清、权益转换、保险关系转移、交费期满的生存保险金领取、被保险人身故或高残理赔申请等事宜；人寿保险公司收到银行提交的《中国银行个人质押保单解冻通知书》前，其本人如逾期不能清偿银行借款本息，同意授权银行向人寿保险公司解除保险合同，解约金（指办理解除保险合同时，根据保险合同约定，保险公司应给付投保人的金额）由人寿保险公司优先偿还银行，余额退还其本人；同意增设银行为上述质押保单项下保险的第一顺序受益人。人寿保险公司收到银行提交的《中国银行个人质押保单解冻通知书》前，如发生保险事故或保险合同到期的，其本人同意授权银行有权直接向人寿保险公司申领保险金，人寿保险公司按照银行要求将应付保险金支付给银行，如有余额退还相应受益人。同日，人寿保险公司向中行吴江分行出具《中国银行个人质押保单现金价值和止付确认书》，确认上述保险合同为该公司出具，此单未挂失，处于有效状态，该保险合同 2015 年 3 月 28 日的现金价值为 1 489 600 元；公司已于 2015 年 3 月 28 日对该保险单办理了冻结止付手续，自出具本确认书之时，未接到中国银行出具的该保单的解冻通知书许可，该保单不予解冻、挂失、提前支取；贷款结清后，将凭贵行开具的《中国银行个人质押保单解冻通知书》对该保险单办理解除冻结手续。

　　……

　　2015 年 5 月 26 日，欧阳某某、吴某某作为出质人，中行吴江分行作为质权人，双方签订了编号为中银（吴江中小）个质字 2015 年第 030 号《最高额质押合同》一份，约定为了担保主合同项下的债务的履行，出质人自愿将其享有合法处分权、并列入后附"质押物清单"的质押物/或其权利凭证为中行吴江分行的债权设立质押；中行吴江分行与债务人曙光公司签署的前述授信额度协议及依据该协议已经和将要签订的单项协议，及其修订或补充为本质押合同的主合同；被担保债权最高本金余额为 1 489 600 元，基于主债权之本金所产生的利息（包括法定利息、约定利息、复利、罚息）、违约金、损害赔偿金、实现债权的费用（包括但不限于诉讼费用、律师费用、公证费用、执行费用等）及其他所有应付费用等也属于被担保债权；质押物为合同编号为 320116413565360 号的人寿保险公司保险单［人保寿险金鼎富贵两全保险（分红型）］一份，评估价值为 1 489 600 元；合同还约定了质权行使方式、质权的实现等条款。

　　……

　　2015 年 5 月 26 日，闽隆公司、天信勤丰公司、锦福公司、展华公司各自召开股东会议，形成股东会决议，同意以各自公司所有的资产为曙光公司在中行吴江分行 700 万元授信额度债务及其相应的利息、罚息、违约金、应付费用等提供抵押或质押、或连带保证责任担保、或作为负有连带义务共同债务人承担债务，直至前述债务全部清偿完毕。

　　……

2015 年 5 月 26 日，闽隆公司、天信勤丰公司、锦福公司、展华公司、文兴公司、洪文某、洪琼某、欧阳某某、吴某某、洪振某、留某某、洪天某、洪珊某分别作为保证人，中行吴江分行作为债权人，双方签订了编号为中银（吴江中小）个保字 2015 年第 030 号、中银（吴江中小）企保字 2015 年第 030 号、中银（吴江中小）关联保字 2015 年第 030-1 号、中银（吴江中小）关联保字 2015 年第 030-2 号《最高额保证合同》共四份，均约定中行吴江分行与债务人曙光公司签署的前述授信额度协议及依据该协议已经和将要签订的单项协议，及其修订或补充为本保证合同的主合同，闽隆公司、天信勤丰公司、锦福公司、展华公司、文兴公司、洪文某、洪琼某、欧阳某某、吴某某、洪振某、留某某、洪天某、洪珊某作为保证人，为曙光公司履行主合同项下的债务承担最高额连带保证责任，最高本金余额为 700 万元；基于主债权之本金所产生的利息（包括法定利息、约定利息、复利、罚息）、违约金、损害赔偿金、实现债权的费用（包括但不限于诉讼费用、律师费用、公证费用、执行费用等）及其他所有应付费用等也属于被担保债权；保证期间为主债权发生期间届满之日起两年；主债务在本合同之外同时存在其他物的担保或保证的，不影响债权人在本合同项下任何权利及其行使，债权人有权决定各担保权利的行使顺序，保证人应按照本合同的约定承担担保责任；若债务人在主合同项下的任何正常还款日或提前还款日未按约定向债权人进行清偿，债权人有权要求保证人承担保证责任。

......

2015 年 12 月 29 日，中行吴江分行与曙光公司签订编号为中银（吴江中小）借字 2015 年第 030-3 号《流动资金借款合同》一份，约定中行吴江分行向曙光公司提供借款 700 万元，借款期限为 6 个月，以实际提款日起算；执行浮动利率，以实际提款日为起算日，每 6 个月为一个浮动周期，首期利率为实际提款日前一个工作日全国银行间同业拆借中心发布的贷款基础利率报价加 113.75 基点；若借款人逾期还款，从逾期之日起计收罚息，罚息利率为约定借款利率水平上加收 40%，若借款人不能按期支付利息及罚息，以本合同约定的结息方式，按罚息利率计收复利；还款方式均为按季结息，每季度末月的 20 日为结息日，21 日为付息日；合同项下债务的担保方式为最高额保证、最高额质押，保证人为闽隆公司、天信勤丰公司、锦福公司、展华公司、文兴公司、洪文某、洪琼某、欧阳某某、吴某某、洪振某、留某某、洪天某、洪珊某，出质人为欧阳某某。借款人未按合同约定履行对贷款人的支付和清偿义务即构成违约，贷款人有权要求借款人赔偿其违约造成的损失，包括但不限于因实现债权而导致的诉讼费、律师费、公证费、执行费等相关费用损失。

上述《流动资金借款合同》签订当日，曙光公司向中行吴江分行递交《提款申请书》。2015 年 12 月 30 日，中行吴江分行按约向曙光公司发放贷款 700 万元，相应借款借据载明借款用途为归还政府资金，执行借款利率为年息 5.4375%，计划还款日期为 2016 年 6 月 29 日。

本院认为，原告中行吴江分行与被告曙光公司签订的《授信额度协议》《流动资金借款合同》，与被告闽隆公司、天信勤丰公司、锦福公司、展华公司、文兴公司、洪文某、洪琼某、欧阳某某、吴某某、洪振某、留某某、洪天某、洪珊某签订的《最高额保证合同》，与被告欧阳某某、吴某某签订的《最高额质押合同》均系各方当事人的真实意思表示，其内容未违反法律法规的强制性规定，均应认定为合法有效。原告中行吴江分行按约履行发放贷款义务后，被告曙光公司未依约足额支付利息，借款到期后亦未归还本金，已构成违约，原告中行吴江分行有权要求其归还借款本金，并承担逾期还款的违约责任。原告中行吴江分行主张的利息、罚息、复利的计算期间和计算标准符合合同约定和法律规定，本院予以支持。关于原告主张的律师费损失，本案所涉《流动资金借款合同》《最高额保证合同》中均有明确约定，且计算方法符合江苏省律师服务收费最低标准，本院予以支持。被告欧阳某某、吴某某以合同编号为 320116413565360 号的人寿保险公司保险单［人保寿险金鼎富贵两全保险（分红型）］出质给原告中行吴江分行，并签订《最高额质押合同》提供质押担保，原告中行吴江分行依据《最高额质押合同》《中国银行个人质押保单保险权益转让书》的约定向人寿保险公司申请解除保险合同，并取得保单现金价值用于冲抵借款本金，无违法之处。被告闽隆公司、天信勤丰公司、锦福公司、展华公司、文兴公司、洪文某、洪琼某、欧阳某某、吴某某、洪振某、留某某、洪天某、洪珊某作为保证人，理应在《最高额保证合同》约定的保证范围内对被告曙光公司的上述债务承担连带保证责任。被告欧阳某某、吴某某既为质押人，同时为保证人，在履行质押合同后仍应按照《最高额保证合同》约定的保证范围对被告曙光公司的上述债务承担连带保证责任。

在该案中，出质人以分红型保险的保单出质，与银行签订最高额保证合同，从而获取银行的贷款支持。该案当事人没有对保单作为质押物的客体合法性产生任何质疑，因而，法院也没有对该保单作为质押物的合法性进行任何裁决，只是认定了其质押效力。后该案又经过二审，但二审中上诉人仅对律师费的计算提出异议，并未对其他部分提出质疑，二审裁决维持原判。以该案例为代表，在保单质押的过程中，由于保单具有现金价值，因此具备财产属性，而保单易于移交占有，因此在笔者所检索到的案例中，未见有否认保单质押担保之效力的裁决。

5. 承认存货动态质押：中国银行股份有限公司杭州市萧山支行与杭州龙发机械有限公司、浙江杰美装饰工程有限公司等金融借款合同纠纷❶（节选）

2013 年 12 月 9 日，被告杰美公司、宁野公司、姚某某、郑某某与原告签订编号分别为萧山 2013 人保×4 号、×5 号、×6 号的《最高额保证合同》各一份，合同约定：杰美公司、宁野公司、姚某某、郑某某分别对于龙发公司自 2013 年 12 月 9 日起至 2014 年 6 月 30 日止签署的借款等发生的最高本金余额不超过 1000 万元的债务，及基于前述本金所发生的利息（包括复利、罚息）、实现债权的费用（包括但不限于诉讼费用、律师费用等）提供连带责任保证，主债务在本合同之外同时存在其他物的担保或保证的，不影响债权人本合同项下的任何权利及其行使，债权人有权决定各担保权利的行使顺序，保证人应按照本合同的约定承担担保责任，不得以存在其他担保及行使顺序等抗辩债权人等内容。

---

❶ （2014）杭萧商初字第 2421 号。

2013 年 12 月 31 日，龙发公司、宁野公司与原告签订编号为萧山 2013 动质×号《最高额动产质押合同》一份，合同约定：龙发公司、宁野公司对于龙发公司自 2013 年 12 月 9 日起至 2014 年 6 月 30 日止与原告签署的借款等发生的最高本金余额不超过 3300 万元的债务提供质押担保。同日，龙发公司、宁野公司与原告、言信诚公司根据前述质押合同签订编号为萧中质监字第 2013××号《动产质押监管三方合作协议》，就质押的相关权利义务作出约定。

2014 年 1 月 2 日，原告与龙发公司签订编号为萧山 2014 人借×××号《流动资金借款合同》一份，合同约定：原告向龙发公司出借 1000 万元，借款期限为 169 天（2014 年 1 月 2 日至 2014 年 6 月 19 日），自实际提款日起算，首期利率为实际提款日中国人民银行公布的半年期贷款基准利率上浮 20%，按月结息，每月的 20 日为结息日，21 日为付息日，逾期贷款罚息利率为该浮动利率水平上加收 50%，对借款不能按期支付的利息，按罚息利率计收复利等。同日，原告向龙发公司发放贷款 1000 万元，实际执行年利率为 6.72%，后利息付至 2014 年 5 月 20 日。

另查明：截至 2014 年 9 月 1 日，龙发公司、宁野公司与言诚信公司共同盘点的涉案存货如下：不同规格（#）的拖拉机整机（台）：280#2、300#64、304#6、320#4、324-2#22、350-3#12、354-3#59、400#1、404-2#61、450#2、454-2#7、484-2#40、504#52、554#4、654#1、824#1、904#1、1254#1、704#4、604#2、354d#2；配件（台/只/条）：轮胎 2880、发动机 106、前驱动桥总成 48、提升器 275、壳体 994、散热器 1135、后配重 788、前配重 24、二轴（牙齿轮）943、变速箱盖总成 373、钢圈（大）335、钢圈（小）536、微耕机 95、底盘 130、后驱动轴 717、液压转向器 269、转向柱 256、齿轮泵 266、离合器 1007、座椅 583、恒流泵 858。截至 2015 年 1 月 22 日，上述存货未变动。

原告因涉案诉讼花去律师代理费 7 万元。2013 年 10 月 31 日，交行萧山支行与宁野公司签订《最高额抵押合同》一份，合同约定：交行萧山支行已经或将要向宁野公司提供一系列授信，宁野公司以现有以及将有的存货（发动机、轮胎等）提供最高本金余额 2500 万元的抵押担保，并于当日办理了工商抵押登记手续。2014 年 5 月 8 日，交行萧山支行与宁野公司签订《开立银行承兑汇票合同》一份，合同约定：交行萧山支行同意为宁野公司承兑的汇票金额 4000 万元，宁野公司提供保证金 2000 万元。协议订立后，交行萧山支行向宁野公司发放了金额 4000 万元的银行承兑汇票。

......

本院认为：《物权法》规定，经当事人书面协议，企业可以将现有的以及将有的生产设备、原材料、半成品、产品抵押，即浮动抵押，是指抵押人将其现在和将来所有的全部财产或者部分财产上设定的担保，在行使抵押权之前，抵押人对抵押财产保留在正常经营过程中的处分权。质押有静态质押和动态质押之分，动态质押又称核定库存模式，是指在质押期间，质物可以按约定的方式提取、置换、补新出旧，质物处于非封存可流动的前提下对流动性质押物进行有效监管的质押形式，根据原告与龙发公司、宁野公司的《最高额动产质押合同》分析，性质为动态质押。本案争议的主要焦点为对涉案存货设立的浮动抵押与动态质押的效力谁优先的问题。第三人主张浮动抵押的效力优先。理由如下：首先，第三人对涉案存货设立的抵押权早于原告对涉案存货设立的质权；其次，第三人设立的抵押权已到工商部门办理了登记手续，具有公信力；最后，同一财产法定登记的抵押权与质权并存时，抵押权人优先于质权人受偿。原告认为动态质押的效力优先。理由如下：首先，浮动抵押登记时抵押物不明确；其次，浮动抵押的抵押物至今未特定化；最后，动态质押的质押物交由第三方监管。本院认为，在全部动产特定为抵押物之前，其他担保物权应优先于浮动抵押权，一旦浮动抵押财产特定为抵押物，其效力应当优先于在此之后设立的担保物权以及其他无担保债权。实现浮动抵押权必须对抵押标的物进行特定化，以确定抵押权效力所及的财产范围。本案中，龙发公司、宁野公司根据约定将质押财产交付言诚信公司监管时，质权成立。原告设立动态质押时，第三人虽已设立了浮动抵押，但至今尚未对抵押标的物进行特定化，故原告设立的动态质押的效力优先于第三人设立的浮动抵押。

......

原告与被告杰美公司、宁野公司、姚某某、郑某某签订的《最高额保证合同》、原告与被告龙发公司、宁野公司签订的《最高额动产质押合同》及原告与被告龙发公司签订的《流动资金借款合同》系各方当事人的真实意思表示，且未违反法律法规的强制性规定，应认定合法有效。原告要求被告龙发公司返还借款本金并支付借期内利息、罚息及律师代理费的诉讼请求符合法律规定，本院予以支持。对贷款期内不能按期支付的利息，银行可以按贷款合同约定利率计收复利，贷款逾期后改按罚息利率计收复利。银行对逾期贷款计收的罚息，本身具有违约金性质，对欠交的罚息再计收复利，加重借款人的责任，有违合同法规定，故本院对原告主张的罚息的复利不予支持。被告龙发公司、宁野公司以存货为涉案借款提供动态质押，原告有权对现有存货以折价或拍卖、变卖所得价款享有优先受偿权。被告杰美公司、宁野公司、姚某某、郑某某为涉案借款提供连带责任保证，应负连带清偿责任。《物权法》虽规定债务人以自己的财产出质，质权人放弃该质权的，其他担保人在质权丧失优先受偿权益的范围内免除担保责任，但其他担保人承诺仍然提供担保的除外。该条款的适用前提是债务人自己提供物的担保的，债权人应当先就该物的担保实现债权。而原告与被告杰美公司签订的《最高额保证合同》约定主债务在本合同之外同时存在其他物的担保或保证的，不影响债权人本合同项下的任何权利及其行使，债权人有权决定各担保权利的行使顺序，保证人应按照本合同的约定承担担保责任，不得以存在其他担保及行使顺序等抗辩债权人，本案不符合上述条款的适用前提，故被告杰美公司要求在减少质押物范围内减轻或免除担保责任，本院不予采纳。被告杰美公司请求法院先行处置主债务人质押物，本院也不予采纳。因原告设立的动态质押的效力优先于第三人设立的浮动抵押，故原告对涉案现有存货享有优先受偿权。第三人交行萧山支行主张对涉案存货享有优先受偿权的请求，不符合法律规定，本院不予支持。

该案不仅涉及存货动态质押的合法性问题，还深入地阐述了存货动态质押的优先性问题，该案中出现了浮动抵押与存货动态质押同时担保的问题。该法院对于浮动质押做出了创造性的解释，"质押有静态质押和动态质押之分，动态质押又称核定库存模式，是指在质押期间，质物可以按约定的方式提取、置换、补新出旧，质物处于非封存可流动的前提下对流动性质押物进行有效监管的质押形式"，将存货动态质押归入普通动产质押的范畴，从而将存货动态质押这一游走在法律边缘的质押形态合法化了。经过论证后，该法院认为，存货动态质押的优先效力高于浮动抵押的优先效力。笔者甚为赞同该案的裁决，该裁决体现了能动性司法的理念，同时在过程、逻辑、结果三个方面均体现了高度的专业性。

三、新型物权担保案例综合分析

1. 租赁权质押

关于租赁权质押的法律属性，实践中支持的法院认为：不动产租赁权质押是指承租人因租赁合同而享有的包括请求出租人交付合格租赁物及对租赁物享有的占有、使用、收益、优先续租等权利，不动产租赁权本质上是一种债权，不动产租赁权提供担保应属权利质押，即不动产租赁权人根据与出租人签订的租赁合同而享有的一切权利向质权人提供担保，在租赁权人未在履行期限内偿还债务的，质权人有权就租赁权益优先受偿的一种权利质押模式。实践中反对的法院认为[1]：根据物权法定原则，权利质押应当由物权法明确规定。租赁权质押权所谓的法律依据是《物权法》第223条第7项"法律、行政法规规定可以出质的其他财产权利"和《担保法》第75条第4项"依法可以质押的其他权利"，但目前尚无法律、行政法规明确规定不动产租赁权可以作为权利质押的标的，因此法院没有支持。

对于租赁权质押程序，有法院认为，出质人、质权人双方在签订《质押担保合同》时，约定以其土地租赁权为借款合同项下的债务作质押担保，应该去相关部门办理质押登记手续，但仅在其银行内部征信系统内对被告提供质押的土地租赁权予以登记记录的，其内部登记并不能对抗第三人；此外，涉案的土地租赁权是合法取得需要有恰当的证据证

---

[1] （2016）沪01民终289号。

实；最后，还需要取得的土地租赁权为本合同借款提供质押担保取得出租方的同意。

对于租赁权质押中质押权利的实现，则需要具备两个前提。第一，租赁权质押的设立是否合法。不动产租赁权为一种债权，承租人不享有租赁物的所有权，因此，承租人将租赁权质押时，应取得所有权人即出租人的同意，并将租赁合同交付于质权人。第二，满足租赁权质权实现的条件。质权的实现需以有效的质权存在为前提，如果质权设立无效，则不存在质权的实现问题。若将租赁权出质，未征得出租人同意而签订质押合同，属于无权处分订立的合同，且事后未经过出租人追认，此时，该租赁权质押设立无效，质权无法实现，相关优先受偿权不予支持。也有法院认为，设立租赁权质押应当交付相关权利凭证。

综合来看，现有的判例表明，一是对于租赁权质押的态度倾向于认可其效力；二是对于租赁权质押合同的效力完全肯定；三是对于租赁权质押的生效条件存在一定的分歧或不同表述，但一般认可其具备优先受偿的效力。

2. 出租车经营权质押

对于出租车经营权的性质，实践中认为，原建设部《城市公共客运交通经营权有偿出让和转让的若干规定》第 2 条规定："城市公共客运交通（包括公共汽车、电车、地铁、轻轨、出租汽车、轮渡等）经营权有偿出让（以下简称经营权有偿出让），是指政府以所有者的身份，将城市公共客运交通经营权在一定期限内有偿出让给经营者的行为；城市公共客运交通经营权有偿转让是指获得经营权的经营者将经营权再转移的行为。"可见，出租车经营权应归政府所有，而经营者只拥有一定时间的经营权的使用权。也有法院认为：出租车经营权，系一种私有财产权，是一段时间内的固定收入，实际上是一种收益权，应归入可转让的债权一类，可进行质押。

关于出租车经营权质押的效力问题，有法院认为出租车经营权质押的效力不受登记对抗制度制约。《道路交通安全法》第 12 条规定，有下列情形之一的，应当办理相应的登记：（1）机动车所有权发生转移的；（2）机动车登记内容变更的；（3）机动车用作抵押的；（4）机动车报废的。《道路交通安全法实施条例》第 4 条规定：机动车的登记，分为注册登记、变更登记、转移登记、质押登记和注销登记。基于上述机动车法定登记类型的范围，机动车配套登记制度中并不包括出租车经营权登记，登记对抗制度准用于出租车经营权质押的前提还不具备。据此，出租车经营权质押应自营运执照交付时发生效力，质权人对于出质人质押的客运出租汽车营运证照有偿使用凭证拍卖、变卖所得价款享有优先受偿权。

3. 理财产品质押

关于理财产品能否作为质押的客体，实践中有三种不同的观点。

其一为将理财产品应收账款化认定。相关判决认为，《中国人民银行应收账款质押登记办法》（〔2019〕第 4 号）第 2 条第 2 款第 4 项明确规定了"其他信用活动产生的债权"属于应收账款。质押的理财产品为委托理财期满后依约能够取回全部本金及一定的收益，也即根据其与银行签订的理财合同享有相应的债权。这一债权，属于其他信用产生的债权，因而属于《民法典·物权编》第 440 条规定的可以用于质押的权利中的应收账款。同时，《民法典》第 445 条第 1 款规定："以应收账款出质的，质权自办理出质登记时设立。"《中国人民银行应收账款质押登记办法》第 8 条第 1 款规定："应收账款质押登记由质权人办理。"当事人在办理出质登记并订立书面合同的才能生效。由此可见，实践中许多法院将理财产品质押并入应收账款质押来处理。

其二为单独地肯定理财产品质押的效力。相关判决认为，虽然《中华人民共和国物权法》未明确规定理财产品可以进行质押，但理财产品具有财产性、可转让性等特点，且易于设质和实现质权，在现实中大量存在以理财产品质押贷款的情况，因此理财产品与《物权法》第 223 条（现《民法典》第 440 条）中规定的可转让的基金份额、股权等财产权利相同，以理财产品设立质押不违法。

其三为否定理财产品的质押效力。这类判决认为，理财产品质押不属于《物权法》第 223 条规定的可质押的权利，无法进行公示。理财产品认购/申购委托书、银行业务回单并非该理财产品的权利凭证，不能据此实际控制该理财产品项下的资金，故此类质押担保行为无效。

4. 保单质押

关于保单质押的效力，各类不同判决的意见高度一致，都认可保单质押的合法性与优先受偿性。实践中认为，保单质押的质权是否设立并生效还应符合法律法规的相关规定。当事人约定以保单现金价值为质押标的，而我国当前保险制度中的保单是保险人与被保险人订立保险合同的正式书面证明，之所以能成为质押标的是因为其实质上是为现金价值请求权的外在形式载体，而现金价值请求权则包含了经济利益，也就是投保人将其人寿保单现金价值请求权作为质押标的出质。可见，保单质押的性质属权利质押。根据《物权法》第 224 条（现《民法典》第 441 条）规定，质权自权利凭证交付质权人时设立；没有权利凭证的，质权自有关部门办理出质登记时设立。此规定旨在设立质权时要求对所质押的权利进行一定方式的公示，以保护质权人、出质人和第三人的合法权益，这也符合质权作为担保物权所具优先受偿的排他效力的特点。若当事人在设立系争质权时没有交付权利凭证或以适当形式公示登记，则保单质权不能设立，亦不产生担保物权的效力。

5. 金钱质押

根据《物权法》第 210 条和《最高人民法院关于适用〈中华人民共和国担保法〉若干问题的解释》第 85 条的规定，金钱质押成立的条件可以归纳为三点，即签订书面质押合同、金钱特定化、移交债权人占有。对于金钱质押和合法性与优先效力不存在质疑，相关问题已有司法解释明确，故不再赘述。

6. 排污权担保

自 2008 年推行排污权抵押贷款至今，我国已有十余省市开展排污权担保业务并取得一定成果。浙江作为最早开展排污权担保业务的省份，业已积累的大量实践证明，相关法院普遍倾向于认可排污权担保的物权效力。比如义乌市人民法院、绍兴市柯桥区人民法院根据当地的相关政策和法规，在相关判决中❶均认可了排污权担保的物权效力❷。

7. 收费权质押

关于收费权质押，许多裁判文书将其纳入应收账款处理，目前的裁判文书对于收费权的合法性与物权效力不持异议。有法院认为：首先，应收账款一般是指对任何售出或租出的货物或对提供的服务收取付款的权利，只要此种权利未由票据或动产契据作为证明，而不论其是否已通过履行义务而获得，其实质是一般债权。在实践中，应收账款是不断发生的，对企业和银行而言，这种不断发生的应收账款恰恰是最有担保价值的，且这种将来发生的应收账款，并没有改变其作为一般债权的法律特性，并且它是一种商业性质的债权，不属于法律禁止的不得让与之债权，具有可转让性；其转让一般无损债务人的利益，且不违反我国现行的法律规定，故应收账款应当包括将来发生的应收账款。《中国人民银行应收账款质押登记办法》第4条第1款关于"本办法所称的应收账款是指权利人因提供一定的货物、服务或设施而获得的要求义务人付款的权利以及依法享有的其他付款请求权，包括现有的和未来的金钱债权，但不包括因票据或其他有价证券而产生的付款请求权以及法律、行政法规禁止转让的付款请求权。"的规定，采取与前述内容一致的

---

❶　（2014）金义商外初字第50号、（2014）绍柯商特字第80号、（2015）金义上溪商初字第128号、（2015）绍柯齐商初字第43号、（2016）浙0603民初3881号。

❷　《浙江省排污权有偿使用和交易试点工作暂行办法》第三条　本办法所称的污染物，是指现阶段实施污染物排放总量控制的化学需氧量和二氧化硫两项主要污染物。本办法所称的排污权，是指排污单位按排污许可证许可的污染物排放总量指标向环境直接或间接排放污染物的权利。排污单位的排污权以排污许可证的形式确认，排污权的有效期限与排污许可证期限一致。本办法所称的排污权有偿使用，是指在区域排污总量控制的前提下，排污单位依法取得排污权指标，并按规定缴纳排污权有偿使用费的行为。本办法所称的排污权交易，是指在区域排污总量控制的前提下，排污单位对依法取得的排污权指标进行交易的行为。关于印发《浙江省排污权有偿使用和交易试点工作暂行办法实施细则》的通知第十三条　排污权交易一般采取以下方式：（一）市场交易，是指出让排污权指标的排污单位，与受让排污权指标的排污单位或政府，通过排污权交易市场达成排污权交易的方式。（二）公开拍卖或挂牌，是指政府按照规定程序、以公开拍卖或挂牌的方式出让储备排污权指标的交易行为。（三）直接出让，是指政府按规定程序定向出让储备排污权指标的行为。（四）法律、法规、规章规定的其他交易方式。

理解。门票收费权正是基于其设施及相关服务而对未来使用该设施或享受服务的债务人享有的收取付款的权利，其实质上是出租设施和提供服务而产生的债权，是一种将来发生的一般债权，符合前述应收账款的定义、特征及范围，故收费权属于应收账款。

关于收费权质押的设立，实践中认为根据法律的规定，质押分为动产质押和权利质押两类，尽管质押合同的标的不同，其生效要件有所不同，但相关生效要件在实质上是一致的，即均强调财产的移转占有。该要求是"物权变动须公示"这一民法基本理论的具体体现，也是保护债权人利益、保护善意取得该动产或权利的第三人利益以及维护社会交易安全的必要。在大学生公寓经营收益权上，法律未明确规定大学生公寓经营收益权可质押的情况下，为落实国务院（国办发〔2000〕1号）相关规定而制定的银发〔2002〕220号文件，可作为权利质押的依据。该文件中明确规定，商业银行与借款人就学生公寓收费权质押签订的质押合同须经省级教育行政部门审批和统一登记，自登记之日起生效。该规定作为中国人民银行和教育部联合下发的针对大学生公寓等高校后勤服务设施质押贷款的文件，对该案质押合同具有直接约束力。同时，该规定也是对担保法中质押合同生效要件之原则性规定和物权变动基本法理的具体化和明晰化。该案中安徽省教育厅向安庆师范学院下发的《关于同意用学生公寓收费权进行质押贷款的批复》〔教秘计（2003）285号〕，应视为涉案的质押合同履行了审批和登记手续。按照合作协议约定将质押合同所涉质物（经营收益）存入专用账户，质物已发生移转占有。从质物移转占有方面来看，该案质押合同已具备生效要件，该项质权应受法律保护。

8. 存货动态质押

关于存货动态质押，收集到的案例均予以认可。根据《担保法》第63条第1款规定："本法所称动产质押，是指债务人或者第三人将其动产移交债权人占有，将该动产作为债权的担保。债务人不履行债务时，债权人有权依照本法规定以该动产折价或者以拍卖、变卖该动产的价款优先受偿。"第64条第2款规定："质押合同自质物移交于质权人占有时生效"。根据上述规定，质押合同生效的必要条件是被告提供质押的货物须移交对方占有。在进行认定时，不能简单以质物存放地点来确定交付，在提供的仓库质押成品必须保障其价值低于特定价值时，出质人将不允许提货并需追加补足，即对低于特定价值的产品并没有处分权，故质权人履行监管义务时，即应视为交付。至于仓库有无门锁，监管人能否有效占有控制的情况属于三方在履行合同过程中需解决的问题，并不影响质押合同的成立、生效。对于浮动质押的法律性质，浮动质押是指质押人与质押权人约定，在质押设定后，质押人可以随时处分所质押的部分质物，但需要用其他价值相当的质物予以补足代替，只要质物的总价值始终不低于约定的金额即可，而不苛求在质物的具体形态。对于大宗金额的借款，涉及的质物数量多，体积大，对存放地点要求较高，且须方便出质人使用、补足，在监管措施合理的情形下，尽可能利用出质人的仓库既可解决上述困惑，又有利于降低成本，方便生产。虽然现行的法律制度尚没有明确的规定，但从目前倡导的拓宽融资渠道、降低融资成本而服务于实体经济的产业政策出发，认为应当对该案所采取的质押方式予以认定，具有优先受偿权。

四、新型债权担保典型案例

在本研究中，新型债权担保主要包含保付代理、让与担保、回购担保、回租担保、附条件返租担保、独立保证。由于保付代理、回购担保本身欠缺争议，在实践中普遍而正常地运行，因而缺乏本主题意义上的研究价值，而附条件返租担保目前还没有出现任何形式的裁判文书，因此其案例不存在来源，但让与担保与独立保证既存在广泛实践，又具备一定的争议性。因此本书选取了 4 个案例加以解析，作为对前文的必要补充。❶

1. 以"物债两分"处理让与担保：上诉人西双版纳博森旅游房地产开发有限公司与被上诉人陈某某商品房预售合同纠纷案❷（二审，节选）

上诉人博森公司上诉请求：1. 撤销一审判决，改判支持博森公司的全部诉讼请求；2. 判令陈某某承担本案全部诉讼费用。事实和理由：（1）本案

---

❶ 其他未提及的案例，可参考附录，并在裁判文书网中查询阅读。

❷ （2016）云 28 民终 395 号。

一审判决错误认定双方签订的名为商品房购销合同实为商品房抵押合同，并在抵押时处分抵押物的行为，属认定基本事实错误，依法应予改判。本案诉争商品房购销合同欠缺房地产抵押合同的必备条款，双方无设立房地产抵押权的合意，更未办理房屋或在建工程的抵押登记。商品房购销合同的登记备案不是物权意义上的登记备案，不发生物权公示效力。商品房购销合同的登记备案只是保护商品房交易安全的行政管理手段，仅具有债权合同的公示效力，根本不发生物权公示效力，双方未设立抵押。因此，一审判决认定商品房购销合同为商品房抵押合同属基本事实认定错误，依法应予改判。(2) 一审法院将签署的商品房购销合同认定为抵押法律关系，不符合物权法定原则和民法等价有偿原则，变相实现流押，违反禁止流押的法律强制性规定，不具有强制执行效力，依法应予解除，而一审判决以民间借贷债务的清偿作为解除商品房购销合同的条件，系适用法律错误。以签订商品房购销合同对民间借贷合同提供担保，突破物权法定原则，物权的种类和内容只能由法律直接规定，不能随意创设。本案中，担保作用仍需不动产来实现，虽然商品房购销合同的登记备案不发生物权变动的效力，但被上诉人可以结合行政管理手段，避免商品房被转让，实现"准担保物权"的效果，有诸物权法定这一物权法的基本原则。以签订商品房购销合同对民间借贷合同提供担保，变相实现流押，违反禁止流押的法律强制性规定，依法应予解除。《中华人民共和国物权法》中关于禁止流押的规定，其目的在于防止借款合同发生时，出借人利用其事实上的优势地位，迫使借款人在价值巨大的物品上设置担保。一旦借款人到期不能清偿债务，出借人就能取得担保物所有权，使得债务人的利益遭受重大损失，有违民法等价有偿原则。本案以签订商品房购销合同作为民间借贷合同的担保，并办理登记备案，致使上诉人无法通过交易途径实现商品房的价值，取得了流押合同的目的和效果，这种交易模式变相实现流押，违反禁止流押的法律强制性规定，不应得到法院支持。作为民间借贷合同担保的商品房购销合同不具有强制执行效力，一审法院判决不予解除商品房购销合同，事实上变相认可债权人可要求履行商品房购销合同，违反相关法律规定。根据最高院审理民间借贷的规定，出借人不能要求按照商品房购销合同对标的物主张债权请求权，只能在民间借贷判决生效后，将标的物作为出借人的概括性财产，申请拍卖商品房以偿还债务，拍卖所得价款多退少补。一审判决不予解除商品房购销合同，变相认可债权人可要求履行商品房购销合同，违反上述法律规定。因此，商品房购销合同应予解除，一审判决以民间借贷债务的清偿作为解除商品房购销合同的条件，系适用法律错误。（3）商品房购销合同所担保的债务已清偿，而被上诉人并未如期足额支付购房款，合同目的已无实现可能，依法应予解除。商品房购销合同所担保的债务已清偿。被上诉人向上诉人提供的借款为 2000 万元，上诉人在借款后合计偿还借款本息 2400 万元。被上诉人并未如期足额支付购房款，商品房购销合同的目的已无实现可能，依法应予解除。债务已获清偿的情况下，继续履行商品房购销合同不符合民法等价有偿、公平和诚实信用的原则，依法应予解除。

······

一审法院认定事实：2012 年 4 月 26 日，博森公司向陈某某借款，借款期限暂定 1 个月，自 2012 年 4 月 26 日至 2012 年 5 月 26 日，如需继续使用借款，借款期限顺延。2012 年 5 月 3 日，博森公司向陈某某借款，借款期限为 1 个月，自 2012 年 5 月 3 日至 2012 年 6 月 3 日。但至今博森公司与陈某某仍然存在借款往来关系，并分别按月 5% 和月 6% 的利率计算利息。在借款期间，为担保借款的履行，博森公司与陈某某约定将博森公司开发建设的位于景洪市勐泐大道 19 号的白象花园·白象宫小区房屋抵押给陈某某。博森公司与陈某某于 2014 年 6 月 10 日签订了《商品房购销合同》，并以该《商品房购销合同》中载明的白象宫 A 栋 2 层、3 层、4 层商铺为博森公司的借款设定抵押担保。后因该商铺被法院采取财产保全措施，博森公司与陈某某不能办理该商品房购销合同登记备案手续。为此，博森公司与陈某某又约定以该 2 层、3 层、4 层商铺调换为该小区内的 154 套住房做抵押担保。2014 年 12 月 12 日、13 日，博森公司与陈某某就该 154 套商品房另行签订了 154 份《商品房购销合同》。2014 年 12 月 19 日，博森公司与陈某某办理了 154 份《商品房购销合同》的登记备案手续。合同约定的交房期限届满至今，双方未履行交接房手续，亦未支付剩余房款，后双方因是否履行该合同产生纠纷，诉至一审法院。一审法院认为，博森公司与陈某某在借款期间内，为担保借款本金和高额利息的实现，双方以签订《商品房购销合同》的形式将博森公司开发建设的在建商品房抵押给陈某某，并在未能办理抵押权登记的情况下，又将已经设定抵押的在建商品房折价后以抵偿借款的方式出售给陈某某的行为，属于抵押期间转移抵押物的处分行为。博森公司与陈某某签订《商品房购销合同》后，双方并没有按《商品房购销合同》的约定履行合同义务，足见博森公司与陈某某虽然签订《商品房购销合同》，但并无购买该商品房的真实意思表示，而是通过签订《商品房购销合同》和办理《商品房购销合同》登记备案的形式和方法来限制博森公司将该商品房转移或者出售给其他人，从而达到担保主合同即双方之间的借款本金和高额利息的有效履行。故双方签订的名为《商品房购销合同》实为《商品房抵押合同》，并在抵押商品房的同时又处分抵押物所有权的行为，违反了法律有关禁止流押的强制性规定，博森公司与陈某某处分抵押物的行为不具有法律上的约束力。据此，在博森公司与陈某某之间的借款合同纠纷尚未解决的情况下，博森公司直接要求解除双方签订的《商品房购销合同》的诉请，便无前提基础和法律依据，一审法院不予支持。另外，《商品房购销合同》登记备案行为属于行政事实行为，而非民事法律行为。行政事实行为不属于人民法院管辖或受理案件的范围，故博森公司要求解除《商品房购销合同》登记备案的诉请，无法律依据，一审法院不予支持。

……

关于博森公司与陈某某签订的商品房购销合同及补充合同是否应予解除的问题。上诉人与被上诉人对于双方之间系借贷关系，商品房购销合同系为借款合同提供担保，并非商品房买卖合同关系并无异议。故本院确认双方系借贷关系，双方签订的商品房购销合同实为担保合同。上诉人要求解除双方签订的商品房购销合同的理由是认为该合同符合法定解除的条件。根据《中华人民共和国合同法》第九十四条："有下列情形之一的，当事人可以解除合同：（一）因不可抗力致使不能实现合同目的；（二）在履行期限届满之前，当事人一方明确表示或者以自己的行为表明不履行主要债务；（三）当事人一方迟延履行主要债务，经催告后在合理期限内仍未履行；（四）当事人一方迟延履行债务或者有其他违约行为致使不能实现合同目的；（五）法律规定的其他情形"的规定，双方当事人签订商品房购销合同的目的系为借贷合同提供担保，不存在因一方当事人不履行义务或因不可抗力致使不能实现合同目的情形，不符合法定解除的条件。双方债权债务关系经云南省高级人民法院确认，博森公司尚欠陈某某借款本金 2 364 877.05 元及其利息，担保合同为从合同，借款合同为主合同，担保合同效力从属于借款合同，借款合同终止则担保合同中双方权利义务亦同时终止，上诉人单方要求解除担保合同缺乏依据。

......

对于上诉人提出的商品房购销合同违反物权法定和禁止流押的规定的问题。双方签订商品房买卖合同成立的担保是后让与担保，属非典型担保，但担保合同的成立、有效与物权的设立分属债权和物权，其成立标准不同。双方签订商品房购销合同的目的系提供担保，虽该担保形式不属于物权法规定的担保物权种类，但其后果系不发生物权变动，不能设立新的物权，并不影响其合同效力。流质契约建立在抵押权、质权存在的基础上，本案中的非典型担保系后让与担保，并非抵押也非质押，上诉人提交的上诉状亦表明上诉人清楚登记备案不发生物权变动的效力，仅系行政管理手段，限制了上诉人任意转让、处分商品房的行为，此行为特征亦符合一般担保物权对物的所有权的限制的特征，故双方合同并未违反禁止流押的规定。一审法院对此分析有误，但其不予准许博森公司要求解除双方合同的诉讼请求并无不当。

关于上诉人要求判决解除房屋的登记备案的问题。如前所述，双方进行登记备案的行为是为了限制上诉人的处分权利，目的系为借款合同的履行提供担保。上诉人履行完借款合同的还款义务后，则主债务全部消灭，担保合同亦随主债务消灭而消灭。商品房登记备案系行政事实行为，不属于本案审查范围，双方可在借款合同终止，担保合同消灭后，自行向行政机关申请注销登记备案或持本院履行完毕借款合同的相关文书向行政机关申请注销登记备案。

在该案中，双方围绕让与担保的合理性展开了激烈的交锋。上诉人坚决反对让与担保的合理性，认为让与担保"根本不发生物权公示效力，双方未设立抵押"，同时，对于设立让与担保的合同，上诉人认为该合同名为买卖合同，实际上应当为抵押合同，但同时又认为抵押法律关系因为合同本身包含有流押条款，因此流押条款无效，还特别指出"欠缺房地产抵押合同的必备条款，双方无设立房地产抵押权的合意"上诉人实际上是想通过两难的方式论证该合同无效。而二审法院严格坚持物权和债权相区分的原则，在债权层面认可双方的真实意思，即该合同为抵押合同，而非商品房买卖合同，这一点也符合《民间借贷司法解释》"当事人以订立买卖合同作为民间借贷合同的担保，借款到期后借款人不能还款，出借人请求履行买卖合同的，人民法院应当按照民间借贷法律关系审理。当事人根据法庭审理情况变更诉讼请求的，人民法院应当准许。"的规定，而由于该抵押合同是债权层面的，因此不受物权法有关流押规定的限制。而针对当事人指出该合同已经经过备案，具备"准物权效力"的主张，也进行了正面的回应，法院认定合同备案只是行政管理行为，不具备物权效力，因此也就没有"准物权效力"的空间。值得注意的是，《民间借贷司法解释》还规定"按照民间借贷法律关系审理作出的判决生效后，借款人不履行生效判决确定的金钱债务，出借人可以申请拍卖买卖合同标的物，以偿还债务。就拍卖所得的价款与应偿还借款本息之间的差额，借款人或者出借人有权主张返还或补偿"。因此，其实对于这一特定类型的让与担保，实际上也存在类似物权法的禁止流质（流押）之规定的，所以让与担保中的出让方的利益是得到了合理保障。

2. 预告登记情形下的让与担保：原告关某与被告卢某某、被告黑龙江省海德宇房地产开发有限责任公司借款合同纠纷❶（二审，节选）

原告关某诉称，被告卢某某于 2013 年 9 月 13 日向原告借款 700 万元，借款期限到 2014 年 1 月 13 日止，双方签订了借款合同，且被告卢某某出具了借据。同时原告与被告海德宇房地产公司签订了商品房买卖合同，被告海德宇房地产公司以其开发承建的鸿福嘉园北区 6 号楼一层商服 1 号、2 号、1 号，6 号楼二层商服 2 号、3 号，6 号楼三层商服 2 号、3 号、4 号作为抵押，并办理了商品房预告登记，原告取得了安达市房产管理局颁发的房屋权利预

---

❶ （2015）齐商初字第 39 号。

告登记证，且交付了税金。现借款期限已过，原告多次找被告协商未果，故诉至法院，请求依法判令：被告卢某某偿还原告借款700万元，如不能偿还借款，由被告海德宇房地产公司以上述案涉房产承担担保责任。

……

原告提供的证据已当庭质证，经对证据的确认及本院调查，所认定的事实如下：

2013年9月13日，原告崔某某与被告卢某某签订借款合同，借款金额700万元，借款期限到2014年1月13日止，合同虽约定被告卢某某以其开发的鸿福嘉园房产作为抵押担保，但双方未签订抵押合同，亦未依法办理抵押登记。同日，被告卢某某为原告又出具借据，借据体现月利2.4%，按月付息。为保证债权的实现，2013年9月27日，崔某某、关某、高某某分别与被告海德宇房地产公司签订商品房买卖合同，预售房屋分别为鸿福嘉园北区6号楼一层商服1号、2号、4号、5号，6号楼二层商服1号、2号、3号，6号楼三层商服2号、3号、4号，双方到安达市房产管理局办理了预告登记，预告登记权利人为崔某某、关某、高某某。2014年7月11日，鸿福嘉园北区6号楼一层商服5号和二层商服1号办理了解除预告登记。另经本院调查，高某某与海德宇房地产公司签订的商品房买卖合同及办理预告登记的行为，均是为本案借款进行担保。高某某明确表示放弃与本案预告登记相关的诉讼权利，该权利由崔某某和关某行使。

……

本院认为，原告关某与被告卢某某签订的借款合同不违反法律和行政法规的强制性规定，合法有效。被告卢某某给原告出具的借据亦真实有效，足以证明被告卢某某为借款人，其依法应当履行偿还借款的义务。被告卢某某辩称借款用于公司，公司为借款人的理由不能成立，因借款用途并不能影响借款合同与借据的法律效力。就本案借款，被告海德宇房地产公司所提供的案涉房产，虽未办理抵押相关手续，但双方所签订的买卖合同，其目的并非是真实买卖，而是对本案借款进行担保，且已经进行预告登记，具有物权公示效力。故商品房买卖合同的性质应认定为"让与担保"，属于一种非典型担保。同时，二被告对于本案房产是作为借款担保的事实亦不持异议，故应认定该担保行为有效，被告海德宇房地产公司以案涉房产对本案借款承担担保责任。综上，原告的诉讼请求有理，应予支持。

在该案中，双方在设立让与担保的过程具备一定的特殊性，该案中法院的判决也有值得推敲之处。双方不仅签署了商品房买卖合同作为让与担保的设立依据，还就该商品房买卖行为办理了预告登记，法院由此认定该行为已经公示，具备物权效力，但同时认为"双方所签订的买卖合同，其目的并非是真实买卖，而是对本案借款进行担保"。我国《物权法》第 20 条规定："当事人签订买卖房屋或者其他不动产物权的协议，为保障将来实现物权，按照约定可以向登记机构申请预告登记。预告登记后，未经预告登记的权利人同意，处分该不动产的，不发生物权效力。预告登记后，债权消灭或者自能够进行不动产登记之日起三个月内未申请登记的，预告登记失效。"若严格按照《物权法》的规定，结合民间借贷解释的规定，双方签订的合同应当被认定为抵押合同，因此应当办理抵押登记，我国《物权法》第 187 条规定："以本法第一百八十条第一款第一项至第三项规定的财产或者第五项规定的正在建造的建筑物抵押的，应当办理抵押登记。抵押权自登记时设立。"因为该案中双方办理的是预告登记，而非抵押登记，因此公示效力应当仅为"法定期限内物权变动需要经过双方当事人同意"，而不应当据此认定已经产生了抵押权。该案回避了对该问题的探讨，仅仅概括地承认了其"物权效力"，对于其是否具备优先权没有给出明确的答案，若认为具有优先权，那可能会引发一定争议。

3. 支持国内独立担保：漯河市中小企业信用担保服务中心与漯河众信衡器有限公司、漯河恒通线缆有限公司、谢某某、朱某某、边某某借款合同纠纷案❶（节选）

原告担保中心诉称，2004 年 3 月 6 日，原告与被告漯河众信衡器有限公司（以下简称"众信衡器公司"）签订一份《委托保证合同》（合同编号：2004 年漯信保字第 02 号），合同约定原告对被告众信衡器公司 140 万元借款本金承担连带清偿责任，原告在按照约定履行了代为清偿债务后，有权要求

---

❶ （2012）源民一初字第 26 号。

被告归还垫付的全部款项和自付款之日起的利息以及其他费用和损失等。同日，原告与被告众信衡器公司、漯河恒通线缆有限公司（以下简称"恒通线缆公司"）三方签订了一份《信用反担保合同》，合同约定被告恒通线缆公司对上述《委托保证合同》中约定的原告履行保证义务代偿的全部款项和自付款之日起的利息以及其他费用和损失等承担连带保证责任，保证期间等同于上述《委托保证合同》中原告的保证期间；同时，被告谢某某、朱某某、边某某分别对原告出具了《反担保信用保证函》，均同意对原告为被告众信衡器公司向工行漯河分行人民路支行的借款承担连带反担保责任（见《反担保信用保证函》）。2004 年 3 月 10 日，被告众信衡器公司由原告担保向工行漯河分行人民路支行借款 140 万元，未能按照合同约定偿还借款，后工行人民路支行将该笔借款转让给了长城资产管理公司郑州办事处。2009 年 9 月 5 日，长城资产管理公司向漯河市中级人民法院起诉，法院判决原告对被告众信衡器公司的 140 万元本金承担连带清偿责任，原告提起上诉，被判决维持原判。2009 年 11 月 30 日，漯河市中级人民法院采取执行措施，扣划原告银行存款 140 万元。原告认为：原告已经依法代为被告众信衡器公司履行了清偿义务，依据《委托保证合同》《信用反担保合同》《反担保信用保证函》及有关法律规定，被告众信衡器公司应当偿还原告代偿的 140 万元借款及自代偿之日起的利息，被告恒通线缆公司、谢某某、朱某某、边某某应当对上述原告代偿的 140 万元借款及利息承担连带清偿责任。为此，原告特依法提起诉讼，请求人民法院判如所请。

经审理查明：2004 年 3 月 6 日，原告与被告众信衡器公司签订一份《委托保证合同》（合同编号：2004 年漯信保字第 02 号），合同约定原告对被告众信衡器公司 140 万元借款本金承担连带清偿责任，原告在按照约定履行了代为清偿债务后，有权要求被告归还垫付的全部款项和自付款之日起的利息以及其他费用和损失等；同日，原告与被告众信衡器公司、恒通线缆公司三方签订了一份《信用反担保合同》，合同约定被告恒通线缆公司对上述《委托保证合同》中约定的原告履行保证义务代偿的全部款项和自付款之日起的利息以及其他费用和损失等承担连带保证责任，保证期间等同于上述《委托保证合同》中原告的保证期间；同时，被告谢某某、朱某某、边某某分别对原告出具了《反担保信用保证函》，函中承诺：一、保证范围为：1. 漯河市中小企业信用担保服务中心此前此后担保的上述借款人与债权人、借款人与漯河市中小企业信用担保服务中心、借款人与债权人及漯河市中小企业信用担保服务中心所签订的借款合同、委托担保合同、保证合同等所有相关合同；也包括借款人单方所做出的承诺。2. 保证金额为漯河市中小企业信用担保服务中心担保的主债权借款本息、罚息、违约金、实现债权的费用及漯河市中小企业信用担保服务中心履行代偿责任而实际发生的费用及损失。二、本信用反担保保证人承担保证责任的方式为连带保证责任。三、本信用反担保保证人承担的保证期间为：从漯河市中小企业信用担保服务中心与债权人签订保证合同之日起到从漯河市中小企业信用担保服务中心履行代偿责任、实际支付代偿费用之日起算（如连续多笔支付代偿费用为最后一笔支付费用之日起算）两年。四、本信用反担保保证人放弃其他反担保优先偿债抗辩权。五、本反担保信用保证为独立保证，不受主合同及其相关合同效力的影响，主合同及相关合同无效，该信用保证仍然有效，且为不可撤销之反担保保证。六、主债权经债权人、借款人及漯河市中小企业信用担保服务中心同意展期，本反担保信用保证人仍承担上述责任，且保证期间相应顺延。七、因履行本协议发生争执，由漯河市中小企业信用担保服务中心所在地的人民法院管辖。八、本反担保信用保证函从漯河市中小企业信用担保服务中心为借款人向债权人提供保证之日起生效。2004 年 3 月 10 日，被告众信衡器公司由原告担保向工行漯河分行人民路支行借款 140 万元，未能按照合同约定偿还借款，后工行人民路支行将该笔借款转让给了长城资产管理公司郑州办事处。2009 年 9 月 5 日，长城资产管理公司向漯河市中级人民法院起诉，法院判决原告对被告众信衡器公司的 140 万元本金承担连带清偿责任，原告提起上诉，被判决维持原判。2009 年 11 月 30 日，漯河市中级人民法院采取执行措施，扣划原告银行存款 140 万元。

本院认为：一、原告担保中心与被告众信衡器公司签订的《委托保证合同》是双方当事人的真实意思表示，合法有效，本院予以认定。原告担保中心已按协议的约定代替被告众信衡器公司偿还其向漯河工行人民路支行贷款人民币 140 万元，对该事实被告众信衡器公司予以认可，本院予以认定。依照协议约定，原告担保中心有权向被告众信衡器公司追偿。被告众信衡器公司辩称，原告承担担保责任时，已经超过保证期间和诉讼时效期间，原告已不应当承担担保责任。因此，原告丧失追偿权。对此，本院认为，原告担保中心对该笔贷款人承担保证责任，并不是其自愿。而是经其应诉、抗辩后，由法院最终确定的。对被告众信衡器公司的该辩称本院不予采信。故原告担保中心要求被告众信衡器公司偿还其所垫付借款140万元及利息的请求，本院予以支持。二、原告担保中心与被告恒通线缆公司争执的焦点是他们之间签订的《信用反担保合同》是否有效。被告恒通线缆公司认为被告提供反担保没有经过股东会、董事会表决同意，该协议无效。对此，本院认为，此种情形不属于担保法规定的保证合同无效的情况，本院不予采信。该合同合法有效。关于原告担保中心是否有追偿权的问题，同对被告众信衡器公司的意见。关于原告担保中心未及时将债权人主张权利及其承担责任的情况告知被告恒通线缆公司，被告恒通线缆公司是否应当免除保证责任的问题，本院认为，《信用反担保合同》中并未约定此项义务和应免责的情形，被告恒通线缆公司的此项辩称不能成立。被告恒通线缆公司应依照合同的约定对原告担保中心承担反担保责任。三、原告担保中心与被告谢某某、朱某某、边某某争执的主要焦点问题是被告谢某某、朱某某、边某某出具反担保信用保证函的行为是否有效，是否应当承担保证责任。被告谢某某、朱某某、边某某主张该反担保信用保证函属独立保证，最高人民法院的司法立场是，若当事人约定独立保证时，应认定独立保证无效。根据该意见应认定该反担保信用保证函无效，故不应承担保证责任。本院认为，《最高人民法院关于适用〈中华人民共和国担保法〉若干问题的解释》第二十二条规定：第三人单方已书面形式向债权人出具担保书，债权人同意并未提出异议的，保证合同成立。该反担保信用保证函的内容符合保证合同的内容，不违背法律规定，应认定被告谢某某、朱某某、边某某的保证行为成立并生效。虽然最高人民法院有独立保证无效倾向性意见，但尚无关于独立担保无效的法律规定。所以，认定该反担保信用保证函无效尚无法律依据。

在该案对于独立担保效力的判断中，法院从不同角度给出了赞成国内独立担保有效的依据，其依据是多方面的。一方面，最高人民法院针对独立担保的适用发布了相关政策性意见，认为"考虑到独立担保责任的异常严厉性，以及使用该制度可能产生欺诈和滥用权利的弊端，尤其是为了避免严重影响或动摇我国担保法律制度体系的基础，目前独立担保只能在国际商事交易中使用（独立保函除外）。《物权法》第172条第1款关于'但法律另有规定的除外'之规定，进一步表明当事人不能约定独立性担保物权的立场。因此，对于独立担保的处理，应当坚持维护担保制度的从属性规则，在主合同有效的前提下，若当事人在非国际商事交易领域约定独立保证或独立担保物权，应当否定担保的独立性，并将其转换为有效的从属性连带保证或担保物权"。但此意见仅为最高人民法院院领导提出的司法意见，不具备独立的法源地位；另一方面，该意见系2007年发布，距今已有十余年，是否仍然适用值得探讨。笔者支持该案的裁决。

4. 否认国内独立担保效力：泰安和新精工科技有限公司、宁波金泰国际贸易有限公司买卖合同纠纷❶（二审，节选）

上诉人泰安和新精工科技有限公司（以下简称"和新公司"）因与被上诉人宁波金泰国际贸易有限公司（以下简称"金泰公司"）、原审被告宁波市海曙启亿进出口有限公司（以下简称"启亿公司"）、毛某某买卖合同纠纷一案，不服宁波市海曙区人民法院（2017）浙0203民初3813号民事判决，向本院提起上诉。本院于2017年8月22日立案受理后，依法组成合议庭进行了审理。本案现已审理终结。

和新公司上诉请求：撤销一审判决，改判启亿公司和毛某某承担涉案货款的清偿责任，并判决和新公司无须赔偿金泰公司逾期利息损失。事实和理由：一、一审法院认定事实部分错误，适用法律错误。1. 按照启亿公司和毛某某出具给金泰公司的《数控轮毂分期付款（债务）担保书》（以下简称《担保书》）第二条的内容，该《担保书》具有独立保函的性质。因此，该笔货款应由启亿公司和毛某某优先、无条件地、独立地清偿，至于清偿之后，其与和新公司之间的关系应另行解决。2. 和新公司与金泰公司签订的《设备付款协议》第二条第3项约定"若买方（即和新公司）不支付，担保

---

❶ （2017）浙02民终2796号。

人则无条件代为偿还所欠的货款及利息"。该约定证明启亿公司和毛某某对欠付货款的优先、无条件地代偿责任，而不是一般的连带担保责任，且不享有追偿权。二、一审第一项判决和新公司赔偿金泰公司逾期利息损失，同时又为和新公司设定了加倍支付迟延履行期间债务利息的义务，这就使得判决指定的十天履行期满后，在双方没有对逾期利息损失有约定的前提下，和新公司既要承担逾期利息损失，还要承担加倍债务利息。按照一审的判决，和新公司一个逾期行为要承担双份的惩罚，完全不符合民商法补偿原则，不符合公平原则。

金泰公司答辩称：1. 关于独立保函的问题。启亿公司和毛某某出具的《担保书》不具有独立保函的性质。独立保函是金融机构出具的，不适用本案。2. 一审判决认定的逾期利息，并无不当。执行阶段的加倍支付迟延履行期间的债务利息，也是合法的。综上，一审判决正确，请求维持。

启亿公司和毛某某共同答辩称，一审认定事实清楚，适用法律正确，请求驳回上诉，维持原判。

金泰公司向一审法院起诉请求：1. 和新公司向金泰公司支付所欠货款本金及付款期内利息共计 142 728 元，并支付逾期利息损失 6335 元（以所欠货款本金 133 928 元为基数，按银行同期贷款利率 4.75% 的 1.5 倍，自 2016 年 9 月 23 日起暂计至 2017 年 5 月 20 日，以后按银行同期贷款利率的 1.5 倍计算，至被告实际清偿日）；2. 启亿公司、毛某某对第一项诉讼请求承担连带保证责任，并支付金泰公司实现债权的律师费 10 000 元。

一审法院认定事实：2015 年 9 月 15 日，金泰公司与和新公司签订编号为［CCNT-2015091401］《数控轮毂专用加工组（精车）买卖合同》（以下简称《买卖合同》）一份，约定由金泰公司为和新公司提供 LG24 精车一台，双方发生争议，可向守约方所在地仲裁委员会申请仲裁。2015 年 9 月 23 日，金泰公司与和新公司、启亿公司（原名称为宁波市鄞州启亿进出口有限公司）签订《设备付款协议》一份，约定上述精车实际销售价为 610 000 元/台，和新公司在合同签订后 7 个工作日内支付 190 000 元，余款本金 420 000 元加上利息 27 600 元共计 447 600 元按照等额本息的方式分 12 个月支付，2015 年 10 月 25 日至 2016 年 9 月 25 日期间每月前支付

37 300 元；启亿公司自愿作为标的物付款的担保方，承担相应连带还款义务；若连续两期或累计三次不履行还款责任的，卖方可以要求买方立即支付所欠的所有货款和利息，若买方不支付，担保人则无条件代为偿还所欠的货款及利息。同日，启亿公司、毛某某向金泰公司出具《担保书》一份，自愿为上述买卖合同项下的全部义务向金泰公司提供连带责任保证，保证范围为保证债务人完全履行主合同项下全部义务，及因不履行或不完全履行主合同而应向金泰公司支付的货款本金、利息、费用、违约金、损害赔偿金及金泰公司为实现债权的费用等；保证期限为从债务人连续两期未付款或累计三期未付款或合同履行期届满之日起两年。各方并声明该保证为连带、无条件地、不可撤销地、独立地，保证效力不受主合同效力的影响，不因主合同无效而无效，保证人对债务人因主合同无效而应承担的责任承担连带责任。合同签订后，金泰公司按约向和新公司提供了货物，并开具了标的额为637 600 元的增值税专用发票。2015 年年底，金泰公司经与和新公司对账，和新公司尚有 373 000 元未付。之后，和新公司又陆续付款。根据分期付款的相关约定，和新公司尚有货款本金 133 928 元及分期付款应付利息 8800 元至今未付。2017 年 5 月 8 日，金泰公司向宁波仲裁委员会申请仲裁，该委以约定仲裁委员会不明确为由不予受理。故金泰公司诉至一审法院。金泰公司为案件诉讼支出律师费 10 000 元。

一审法院认为：《买卖合同》及《设备付款协议》系金泰公司与和新公司的真实意思表示，合法有效，对双方均具有法律约束力。和新公司应根据《设备付款协议》约定时间及时向金泰公司付款，现和新公司尚有货款133 928 元及约定的利息 8800 元未付，金泰公司诉至一审法院，一审法院予以支持。《最高人民法院关于审理买卖合同纠纷案件适用法律问题的解释》第二十四条第四款的规定，买卖合同没有约定逾期付款违约金或者该违约金的计算方法，出卖人以买受人违约为由主张赔偿逾期付款损失的，人民法院可以中国人民银行同期同类人民币贷款基准利率为基础，参照逾期罚息利率标准计算。故和新公司未按约定时间付款，金泰公司要求和新公司按照中国人民银行同期贷款基准利率的 1.5 倍赔偿逾期支付货款的利息损失，符合法律规定，一审法院予以支持。经核算，暂计至 2017 年 5 月 20 日的逾期利息损失为 5782.96 元。金泰公司认为在启亿公司、毛某某出具的《担保书》中已另作约定，要求启亿公司、毛某某向其支付为实现债权支出的律师费 10 000 元。

对此，一审法院认为，《担保书》约定启亿公司、毛某某的保证责任范围为和新公司未履行合同而应向金泰公司支付的货款本金、利息、违约金、损害赔偿金及金泰公司为实现债权的费用等，从中可看出，启亿公司、毛某某承担律师费用的前提是该费用也系和新公司的赔偿义务，但是金泰公司与和新公司并未对金泰公司实现债权的费用如何承担进行约定，故涉案律师费用作为金泰公司实现债权的费用不属于和新公司的赔偿义务范围，而金泰公司与启亿公司、毛某某也未对实现债权费用有单独约定，故金泰公司要求启亿公司、毛某某支付涉案律师费用，缺乏事实根据，一审法院不予支持。启亿公司、毛某某自愿为和新公司提供连带责任保证，且在约定保证期限内，金泰公司主张的货款本金、利息及逾期利息损失在保证范围之内，故启亿公司、毛某某应对上述付款义务承担连带保证责任。和新公司抗辩认为启亿公司、毛某某出具的《担保书》为独立保函性质，认为应由启亿公司、毛某某先行付款，无法律依据，一审法院不予采纳。综上，一审法院依照《中华人民共和国合同法》第六十条、第一百零七条，《中华人民共和国担保法》第十八条、第二十一条、第三十一条，《最高人民法院关于适用〈中华人民共和国担保法〉若干问题的解释》第四十二条，《最高人民法院关于审理买卖合同纠纷案件适用法律问题的解释》第二十四条第四款，《中华人民共和国民事诉讼法》第六十四条第一款之规定，作出判决：

一、和新公司于判决生效之日起十日内支付金泰公司货款 133 928 元及利息 8800 元，并赔偿金泰公司逾期利息损失（暂计至 2017 年 5 月 20 日为 5782.96 元，之后以未付货款为基数按照中国人民银行同期同档次贷款基准利率的 1.5 倍计算至实际履行日止）；二、启亿公司、毛某某对上述付款义务承担连带清偿责任，启亿公司、毛某某承担连带清偿责任后，有权向和新公司追偿；三、驳回金泰公司的其他诉讼请求。如果未按判决指定的期间履行给付金钱义务，应当依照《中华人民共和国民事诉讼法》第二百五十三条及相关司法解释之规定，加倍支付迟延履行期间的债务利息（加倍部分债务利息=债务人尚未清偿的生效法律文书确定的除一般债务利息之外的金钱债务×日万分之一点七五×迟延履行期间）。案件受理费3481元，减半收取1740.50元，由金泰公司负担115.50元，和新公司、启亿公司、毛某某负担1625元。

本院认为，本案的争议焦点在于：一、启亿公司和毛某某共同出具的《担保书》是否系独立保函；二、和新公司应否赔偿金泰公司逾期利息损失及具体的利率标准。

关于争点一，本案中，启亿公司和毛某某为和新公司与金泰公司之间的买卖行为出具了一份《担保书》，本院认为，该《担保书》所指的保证意为连带保证而非独立保函，理由如下：首先，就主体而言，《最高人民法院关于审理独立保函纠纷案件若干问题的规定》第一条第一款对独立保函的出具主体作出了明确规定，即银行或非银行金融机构；而本案出具《担保书》的主体为企业（启亿公司）和自然人（毛某某）。其次，就性质而言，独立保函是一种独立的承诺，一旦开立便独立于基础交易关系，亦即，独立保函和基础合同均为独立的合同，各自独立具有法律效力，表现为平行的法律关系；而保证担保作为对基础合同的补充，在性质上属于从合同，即使独立于主合同文本，其从属性的本质未变。正如本案中的《担保书》，系在金泰公司与和新公司签订了《买卖合同》及《设备付款协议》之后，基于前者的买卖基础法律关系才形成的从义务，要在基础合同发生履行瑕疵或缺陷后才产生相应的保证责任。虽金泰公司依据涉案《担保书》第二条"本保证为连带的、无条件的、不可撤销的、独立的，本保证的效力不受主合同效力的影响，不因主合同无效而无效。保证人对债务人因主合同无效而应承担的责任承担连带责任"的约定主张该《担保书》具有独立保函性质，但其忽视了独立保函应具备的单据性，亦忽略了该条中最后关于承担连带责任的约定。尽管和新公司诉称该《担保书》系出具人启亿公司和毛某某意思自治的产物，但意思自治在法律适用过程中同样应受限制。况且涉案《担保书》第二条、第四条均已明确启亿公司和毛某某承担连带保证责任。最后，就法律依据而言。独立保函适用前述的《最高人民法院关于审理独立保函纠纷案件若干问题的规定》，而保证担保则适用《中华人民共和国担保法》。本案中，金泰公司主张启亿公司和毛某某的担保行为具有独立性，符合独立保函性质，但据《最高人民法院关于审理独立保函纠纷案件若干问题的规定》第三条之规定，在三种情形下，当事人主张保函性质为独立保函的，人民法院应予支持，但保函未载明据以付款的单据和最高金额的除外。显然，本案的《担保书》不具备上述要件。

关于争点二，《最高人民法院关于审理买卖合同纠纷案件适用法律问题的解释》第二十四条第四款规定：买卖合同没有约定逾期付款违约金或者该违约金的计算方法，出卖人以买受人违约为由主张赔偿逾期付款损失的，人民法院可以中国人民银行同期同类人民币贷款基准利率为基础，参照逾期罚息利率标准计算。本案中，虽然和新公司与金泰公司在《买卖合同》中并未约定有关逾期付款利息的承担问题，但作为买受人的和新公司自认尚有货款拖欠未付，其行为已经构成违约。现金泰公司作为出卖人以逾期付款利息的名义主张赔偿逾期付款损失，于法有据。对于和新公司提出的其一个逾期行为受到双倍惩罚的问题，本院认为，逾期付款损失与迟延履行的债务利息在性质上确实均具赔偿性，但两者的适用前提是适用依据完全不同。首先，赔偿逾期付款损失的前提系买受人违约，而加倍支付迟延履行的债务利息的前提系付款人未按生效判决指定的履行期间给付金钱义务，故两者所指向的并非同一个逾期支付行为。其次，适用赔偿逾期付款损失的法律依据系前文已述的《最高人民法院关于审理买卖合同纠纷案件适用法律问题的解释》第二十四条第四款，而加倍支付迟延履行的债务利息的法律依据系《中华人民共和国民事诉讼法》第二百五十三条及其相关司法解释之规定，上述两个条文规定并不冲突。最后，逾期付款损失赔偿依出卖人主张而产生；而加倍支付迟延履行的债务利息由法律直接规定形成，按生效判决指定的期间履行给付金钱义务系债务人的法定义务，且该加倍的债务利息并非必然发生，债务人可以在一定的期间内（生效判决指定的期间届满日之前）进行抉择，一旦债务人延迟，则其应当就此承担赔偿性的法律后果。

在该案中，法院认为双方之间的独立保证行为不属于《独立保函纠纷解释》，因为双方均不是银行或其他金融机构，因此该案例不是独立保函纠纷，而是包含普通独立保证效力之争议的纠纷。在该案中，法院以不符合该司法解释的规定而直接认定此类独立担保无效，并未就这一类型的独立担保是否具备法律效力做出正面判断，因此其断定该保证不具备独立性显得比较武断。

五、新型债权担保案例综合分析

1. 保付代理

保理业务在实践中已十分常见，其合法性不存在质疑。

2. 让与担保

对于让与担保的性质，实践中一般认为让与担保是指债务人或者第三人为担保债务人的债务，将担保标的物的所有权等权利转移于担保权人，而使担保权人在不超过担保之目的范围内，于债务清偿后，担保标的物应返还债务人或者第三人，债务不履行时，担保权人得就该标的物优先受偿的非典型担保物权。因为让与担保在我国法律上未有明确规定，基于物权法定原则及当事人之间缺乏对清算义务的约定，此种情形的让与担保并不发生物权效力，因此当债务人未依约清偿债务时，债权人并不享有依照该份资产转让协议接收占有涉案租赁土地及相应资产的权利。

对于让与担保的效力，各地法院倾向于不认可其效力。对于其效力的争议主要集中在对流质、流押的担忧上。同时，实践中对于以民间借贷为基础的让与担保，多半持否定态度，而恰好以民间借贷为基础的让与担保是最为常见的让与担保类型。江苏省高级人民法院认为对于能够认定当事人签订商品房买卖合同系为民间借贷担保的，按照《最高人民法院关于审理民间借贷案件适用法律若干问题的规定》第 24 条的规定，应按照民间借贷法律关系审理，不认可让与担保的效力。具体表现为认定买卖双方签订买卖合同的真实目的是给民间借贷合同提供担保，而非真正实现买卖合同的目标，但该不动产担保行为未到（也不可能）相关部门办理抵押登记，因此，该担保行为未产生担保物权之效，但担保行为所形成的是让与担保法律关系。如果债务人不履行该判决确定的金钱债务，债权人可以依据该判决，申请强制执行买卖合同的标的物。让与担保仅为债权担保方式，不得对抗善意第三人。

也有部分判决认为，若在让与担保中对抵押物进行了预告登记，则认可让与担保的效力。

3. 回购担保

回购担保本身基于合同约定，目前对于回购担保的效力与合法性不存在争议。

4. 附条件返租

目前无法检索到附条件返租的案例。

5. 独立保证

独立担保是指担保人承担担保责任不依赖于基础债权债务关系的担保形态。在本研究中，首先要区分一般性的独立担保与独立保函，独立保函是指银行或非银行金融机构作为开立人，以书面形式向受益人出具的，同意在受益人请求付款并提交符合保函要求的单据时，向其支付特定款项或在保函最高金额内付款的承诺。可以将独立保函理解为独立保证的一种，《最高人民法院关于审理独立保函纠纷案件若干问题的规定》已经明确了独立保函可以在国内适用。因此，本书所讨论的独立保证，不包含独立保函这一独立保证形式。

陕西省高级人民法院在其提出的审判意见中指出，独立担保只能在国际商事交易中使用。当事人在国内交易中约定独立保证或独立担保物权的，应当否定其担保的独立性，并将其转换为具有从属性的连带保证或担保物权。最高人民法院亦认为《担保法》第 5 条第 1 款在规定了主合同与担保合同之间的主从关系后，又作出"担保合同另有约定的，按照约定"的规定，通常被视为独立担保的法律依据。独立担保包括独立保证和独立担保物权，在担保实务中经常体现为见索即付的担保、见单即付的担保、无条件不可撤销的担保、放弃先诉抗辩权和主合同一切抗辩权的担保等形式。这里应当注意，由于独立担保的实质是否定担保合同从属性，不再适用担保法律中为担保人提供的各种保护措施，诸如未经担保人同意而变更担保合同场合下担保人的免责，担保人因主债权债务合同无效、被撤销、诉讼时效或强制执行期限完成而产生的抗辩权，以及一般保证人独有的先诉抗辩权等，因此独立担保是一种担保责任非常严厉的担保。担保实务和审判实践对独立担保的适用范围存在争议，考虑到独立担保责任的异常严厉性，以及使用该制度可能产生欺诈和滥用权利的弊端，尤其是为了避免严重影响或动摇我国担保法律制度体系的基础，目前独立担保只能在国际商事交易中使用。《物权法》第 172 条第 1 款关于"但法律另有规定的除外"之规定，进一步表明当事人不能约定独立性担保物权的立场。因此，对于独立担保的处理，应当坚持维护担保制度的从属性规则，在主合同有效的前提下，若当事人在非国际商事交易领域约定独立保证或独立担保物权，应当否定担保的独立性，并将其转换为有效的从属性连带保证或担保物权。但上述意见的提出是在 2007 年，当下是否仍然合适值得商榷。因此，存在法院判决"虽然最高人民法院有独立保证无效倾向性意见，但尚无关于独立担保无效的法律规定。所以，认定该反担保信用保证函无效尚无法律依据"的情况。

六、小　结

对于新型担保的司法实务研究。通过大数据检索发现，在新型担保领域裁判上有一定的规律，表现为三点：一是案件数量增长较快；二是级别分布和地域分布上相当广泛；三是上诉率高、再审率高。而在具体的案例方面，经过案例检索发现，在法律规定的模糊地带，法院更倾向于认定新型担保行为有效，但是在涉及优先性的方面又相对谨慎，此外，裁判尺度不一、结果截然相反的情况也仍然存在。在让与担保的裁判认定上，既有法院认为让与担保受到法律保护，也有法院认为依据我国法律的规定，物权效力、合同效力和双方的意思方面应当作出更加谨慎的裁判；在独立担保方面，既有法院旗帜鲜明地肯定了独立保证的效力，也有法院不加判断地反对其效力，结论莫衷一是。

第四章 新型担保的经验比较

他山之石，可以攻玉。新型担保是由于经济社会急速发展产生的。由于立法体例的不同，各个国家和地区的法律实践也有差别，其司法实践可以为我国一个或多个具体的新型担保类型提供启发。联合国《担保交易示范法》将质押与抵押统一化立法，将担保权客体合理扩大；日本、德国的立法及我国台湾地区的相关做法实践和效果，为我们处理让与担保提供一定的参考；韩国就债权担保通过颁布单行法来回应物权法的最新发展趋势等值得我们借鉴。

第一节 联合国《担保交易示范法》与新型物权担保

一、担保客体范围

《担保交易示范法》认为，担保协议的一个主要方面是指明将设定担保权的资产。各国在决定应当如何指明可能设定担保权的资产时，通常需要分别解决四个问题。一是能否对设保人不拥有或尚未拥有的财产设定担保权。二是是否不应允许对某些类型的资产设定担保权。三是如何对资产进行描述。❶ 四是是否应当允许设保人设定一项全面涵盖其所有资产的担保权。❷ 在审查这四个问题之前，应当强调一个基本点。各国一致认为，在担保协议当事人具体指明拟设定担保权的资产时，其意图是以充分利用设保人对该资

---

❶ 即必须逐一描述还是可以笼统描述。

❷ 也就是说，担保权在许多国家被认为是"企业抵押"或"浮动抵押"。

产的权利作保。举例来说，如果担保协议规定以设保人拥有的设备作保，则作保的是设保人的完全所有权。资产价值在担保协议有效期内增加的，担保资产仍以其全部价值为未偿债务作保，但担保数额不超过未偿债务额。与当事人意思自治原则相一致，当事人始终可以在其协议中约定只对资产进行部分设保，❶ 或者该资产的担保数额是有限数额（如只限于设定担保权时该资产具有的价值）。不过，除非当事人另有具体约定，否则设定担保权的是整个资产、设保人对该资产享有的所有权利和有必要强制执行担保权时该资产的全部价值。

尽管角度和体例不同，该示范法与我国《物权法》仍然能够达成匹配。示范法中将特殊类型的客体区分为"未来资产""排除在外的资产""在担保协议中指明资产""设保人总资产"四种特殊类型。就"未来资产"而言，其所涉及的内容对于解释租赁权质押非常有参考意义。示范法中认为：在大多数法律制度中，担保权的设保人必须是担保资产的所有人或对资产享有有限的财产权（如使用权）。也就是说，设保人只有对担保协议意图涵盖的资产实际享有权利时，才能订立担保协议。由此立即产生了一个问题，即担保协议是否能够涵盖设保人仅享有合同权利的资产（例如，在许多法律制度中，承租人对租赁财产不享有财产权），以及未来资产（如只限于设定担保权时该资产具有的价值）。《贸易法委员会担保交易立法指南》（以下简称《指南》）在处理这些问题时，大多数法律制度从设保人给予有担保债权人的权利不能超过设保人拥有或将来可能取得的权利（"不能以己所无予人"）这一原则着手。这意味着，如果设保人仅有使用一项资产的合同权利，则设保人只能在其使用该资产的合同权利上设定担保权。例如，承租人仅可对其作为租赁协议下的承租人所享有的权利设定担保权，而不能直接对租赁的资产设定担保权。根据各国就担保协议中说明担保资产时必须包含的细节所采用的规则，这意味着担保协议必须指明该资产为设保人作为租赁协议下的承租人所享有的权利，而不是租赁资产本身。同样，这意味着，如果设保人仅对资产享有有限的权利（如用益权），则担保权只能以用益权作保。

---

❶ 例如，只以 50% 的未分割权益设保。

　　透过示范法，目前各法律制度遇到的越来越多的问题是，担保协议是否可以涵盖未来资产。在一些法律制度中，任何类型的未来资产都不可用作担保。这种办法部分基于财产法的技术概念（例如，不存在的东西不能够转让或抵押）。该办法还基于一种担忧，即如果允许广泛处分未来资产，则可能无意中造成过度负债，并使设保人过度依赖于一个债权人，从而妨碍设保人从其他来源获得其他担保信贷。另一个不允许对未来资产设定担保权的理由是，如果允许设定这类权利，有可能大大降低债务人的无担保债权人所提出的索偿要求获得满足的可能性。然而，不应援用财产法的技术概念来设置障碍，使利用未来资产作保获得贷款的实际需求得不到满足。此外，商业设保人可以保护自身的利益，而不需要法律限制未来资产权利的可转让性。而且，允许以未来资产作保使得现有资产不足的设保人有可能获得贷款，这很有可能促进它们经营的业务，从而使包括无担保债权人在内的所有债权人受益。关于某些设保人可能需要得到保护，以避免不明智地对未来资产进行设保，这一事项应在其他法律如消费者保护法中加以处理。在另一些法律制度中，当事人可能约定对未来资产设定担保权。在这类情况下，担保权在当事人之间订立协议时设定，但只有在设保人成为资产所有人或资产产生以后，对该资产设定的担保权才能生效。《联合国转让公约》采取了这种办法。允许使用未来资产作为信贷担保非常重要，特别是为确保以循环资产集合担保循环贷款交易下产生的求偿权而言。这种办法通常适用的资产包括库存品，因其在本质上就是要出售和替换的，还包括应收款，因其在收账后便由新的应收款代替。这一办法的主要优点是，仅一项担保协议即可涵盖与担保协议中的描述相符合的不断变化的资产集合。否则，将必须不断修正担保协议或签订新的担保协议，这将增加交易费用并减少可提供的信贷额度，特别是循环贷款安排下的信贷额度。《指南》建议，担保协议可涵盖未来资产。如果担保协议规定对担保协议订立时设保人享有权利或有权设保的资产设定担保权，则在签订担保协议时，即设定了这些资产的担保权。但是，如果担保协议规定对设保人未来将获得权利或有权设保的资产设定担保权，则只有在设保人获得此种权利或有权设保时，担保权才能设定。

　　由上可知，示范法中对于未来资产的处理态度十分鲜明。其采取了物权与债权相分离的认定方式，在债权层面，以任何未来资产设立担保是完全许可的，但是只有在设保人实际取得此权利时，这种担保才具有物权上的效力。换言之，该示范法有条件地承认了未来资产的客体合法性地位。该示范法允许对设保人现有和未来的所有资产设定非占有式担保权，而设定该担保权所依据的制度又允许设保人在正常经营过程中处分该担保资产的某一部分，则各国为允许企业通过对整个企业设定担保权来获得信贷而制定的许多特别办法便可能不再有必要。也就是说，在许多法律制度中，诸如"企业抵押"、"固定抵押"和"浮动抵押"等概念和术语以前之所以重要，是因为它们在企业融资中发挥的作用是一般担保权无法做到的。但是，如果各国选择建立一个实用、统一和综合的非占有式担保权设定制度，并使设保人能够在同一协议中抵押其现有和未来的所有资产，那么这些现行办法的必要性即使没有完全丧失，也大大降低了。《指南》虽然没有建议各国取消企业抵押和固定抵押及浮动抵押，但的确建议各国采用总资产担保权的概念，这一概念可履行那些传统办法所履行的功能。示范法认为，法律应当规定，可以对任何种类的资产，包括对资产的组成部分和资产中未分割的权益设置担保权。担保权可以涵盖订立担保协议时可能尚不存在或设保人可能尚未拥有或尚无权设保的资产。担保权还可以涵盖设保人的所有资产。这些规则的任何例外都应当为数有限，并在法律中加以明确具体的说明。

二、物权公示方式

示范法认为，在历史上，多数国家普遍禁止对动产设定非占有式担保权。这种做法使传统的占有式质押成为唯一可用的担保手段，而向有担保债权人转移质押资产的占有权既构成质押，也向第三人发出关于设保人并不持有有关资产的未设保所有权的默示通知。但是，随着经济的发展，传统质押的局限性越来越明显。首先，设保人通常需要继续占有其商业资产以便继续经营。其次，由于实际上不可能在设定质押时转移未来资产的占有权，因此传统质押无法涵盖未来资产。最后，传统质押无法涵盖无形资产，因为它要求转让质押资产的占有权，而无形资产不易于占有。因此，需要发展某种形式的非占有式担保权。各国以不同方式响应了这一需求。根据示范法的思路，我国动产质权当属于该法中的传统质权，而权利质权属于"非占有式担保权"。

示范法将担保权的确定性和可预测性作为物权公示方式的两大核心要素。示范法认为，在有些国家，还建立了单独的应收款制度，意在通过将存在担保权一事通知应收款债务人，能够实现应收款担保权的第三人效力。但是，这种办法与现代融资惯例不相符。转让人一般不想提醒其客户（应收款的债务人）注意应收款设有担保权一事，因为这样做的话，客户可能会对转让人的财务状况产生疑问。事实上，即使应收款被彻底转让，受让人通常希望仍由转让人收款。无论如何，就第三人效力而言，通知应收款债务人起不到登记处的作用，因为第三人不得不听信转让人所作的关于这些债务人是谁的陈述。考虑到这些惯例，这种实现第三人效力的办法日渐遭到摒弃。在采用一般担保权登记处的国家，通知应收款债务人总是仅被视为收款或强制执行办法，而不是一种实现第三人效力的办法。在这些国家，认为登记为受让人，包括有担保债权人提供了一种更高效的手段，使他们在交易一开始，特别是在转让涵盖设保人的所有现有和未来应收款时能够评价优先权风险。否则，受让人将承受由于竞合受让人决定就应收款向债务人发出通知而丧失优先权的风险。我国属于为应收账款质押设立了专门机制的国家，征信机构负责完成应收账款质押的登记工作。

示范法提倡设置"一般担保权登记处"，即能够对不同种类的担保物权之设立进行信息化、自动化的集中登记机构。建立《指南》所设想的这类一般担保权登记处，使查询人能够发现设保人资产可能设有的担保权并采取措施保护自身权利。已采用这类登记处的一些国家认为，即使登记处的主要目的是发挥潜在担保权信息存放处的作用，其范围也可以有益地扩展，以记录关于动产的其他类别非占有式权利的信息。一般担保权登记处用于记录有关担保权的通知以外其他用途的想法并不新奇。已设立专门登记处以记录求偿权（如对商业应收款享有的权利）担保权的国家，有时也规定可以登记其彻底转让。在采用一般担保权登记处的国家当中，多数国家规定应收款的彻底转让服从的登记要求和优先权规则与适用于应收款担保权的要求和规则相同，理由是：从向第三人公布的需要来看，彻底转让和担保转让之间并无实际区别，因此，两类交易所适用的规则应当相同。这正是《指南》建议采取的办法。采用一般担保权登记处的有些国家还将登记作为转让有形动产占有权而非所有权的交易取得第三人效力的前提条件。两种最常见的情形涉及期限较长（如一年或一年以上）的经营性租赁和代销人作为销售代理代表所有人占有库存品的商业寄售。这样做的理由是：在未登记的情况下，处理商业企业占有的有形资产的第三人没有一种客观手段来确定这些资产是属于该企业还是属于出租人或寄售人。在采用这种办法的国家，出租人和寄售人权利相对于第三人的优先权所适用的规则与适用于购置款担保权持有人的规则通常相同。将担保权登记要求扩展至真正的租赁，国际上在《移动设备国际利益公约》中得到体现，其中将公约所设想的国际登记处的范围扩展到担保权和融资租赁之外，以包括经营性租赁安排。

占有仍然是产生对抗第三人效力的原因之一，但示范法认为占有只应当是一种公示效力的备选方案。多数国家都承认，有形资产的占有权转移给有担保债权人（传统的占有式质押）足以证明担保权的设定和产生对抗第三人效力。就设权而言，其理论依据是：占有权转移证明设保人默示同意该担保权和设有担保权的资产范围。就第三人效力而言，占有权转移没有确定性地公布担保权的存在，因为受让人的占有与非担保安排完全一致（如经营性租赁或简单的存放）。但是，占有权转移确实排除了设保人继续占有资产会误导第三人认为设保人持有对资产的未设保所有权的风险。在一些国家，在一般担保权登记处登记担保权通知取代了占有并成为动产担保权取得第三人效力的排他方法（如通常对不动产所做的那样）。它们为采取这种办法提出了三种互有联系的理由。第一个理由是占有损害了登记处作为有关设保人资产可能存在担保权的全面信息来源的可靠性。因此，未来的有担保债权人或买受人不能依赖对登记处的查询得出相关资产未设保的结论。相反，他们还必须核实资产是否仍由设保人占有。第二个理由涉及举证难题。登记为确定优先权目的确立了担保权取得第三人效力的客观时间，占有权转移可能要求证明实际发生有形转移的确切时间，而这种证明可能受到质疑。第三个理由是债权人占有可能会导致第三人错误地以为债权人持有未设保的资产，而该资产可能设有担保权。也就是说，占有权转移给债权人本身并不能保证占有资产的债权人有对该资产设保的权利。尽管有上述关切，但多数已设立一般担保权登记处的国家仍将占有权转移作为就某些类型资产的担保权取得第三人效力的替代办法。理由如下：首先，商业惯例完全确立了占有足以取得第三人效力。其次，占有权转移作为取得第三人效力的一种办法，无论如何都必须仍然适用于可转让单证和可转让票据，以便保持其可转让性和相关优先权。再次，至于对登记处记录的全面性造成干扰，未来的有担保债权人或买受人通常希望核实相关资产是否确实存在（因为没有一个动产所有权一般登记处），因而需要核实设保人是否继续占有；与转移时间有关的证据问题在实践中不可能带来任何困难。为了自身利益，一个谨慎的有担保债权人将确保其取得占有权的时间有充分的文件加以证明。最后，鉴于有担保债权人经营的性质（如典当商），在债权人是作为所有人还是作为有担保债权人（承押人）占有该资产方面，第三人一般不大可能被误导。在同时接受登记和债权人占有作为取得担保权第三人效力的备选办法的国家，实际上两种办法的范围并不相同。首先，只有在有关资产能够实际被占有（属于有形资产）的情况下，占有权转移才有可能。其次，只有在设保人准备放弃当前对担保资产的使用情况下，占有权转移才是可行的。如果设保人需要保留担保资产，以便提供服务或生产产品或以其他方式创造收入，占有权的转移就是不可行的。由于上述原因，一旦高效的综合性通知登记系统可以使用，则绝大多数有担保债权人往往青睐登记而不是占有，作为取得担保权第三人效力的办法。两种主要的例外情况与特定交易或资产有关，通常涉及短期融资。例如，如果占有权赋予了一种优先权好处，如同在可转让票据和可转让单证的情况下，则即使有担保债权人可能已经登记了担保权，也将希望取得占有权。此外，如果有担保债权人经营的是取得占有式担保权的业务（如典当商），则很少会出现同时登记其担保权的情况。鉴于：（a）在大多数国家占有式质押广为人知并得到充分理解；（b）允许占有成为取得第三人效力的一种办法可能产生效率；以及（c）对登记处的全面性的干扰也不太大，《指南》赞同将登记通知和占有权转移给有担保债权人作为有形资产担保权取得第三人效力的备选办法。

综上所述，示范法建议，法律应当规定，已经设定的担保权即使不具有对抗第三人的效力，也在设保人与有担保债权人之间有效，只有在担保权已经设定并且已遵循某一种能够实现第三人效力的方法的情况下，担保权才具有对抗第三人的效力。其建议的公示方法包括：

（1）在担保权登记处登记。此项作为原则性的基本公示方式；

（2）将有形资产以转移占有的方式完成公示，而无形资产的转移占有以转移受益权的方式来实现抽象化的转移占有；

（3）某些具备登记证书的担保物权，也可以以在产权证明上加注的方式完成公示。

三、《担保交易示范法》的启示

《担保交易示范法》既吸收了大陆法系国家的物权法律实践，也借鉴了英美法系国家的实践，是极具国际化的示范法，对于我国在新型担保方面的体例安排、客体规制和物权公示具有借鉴作用。

1. 淡化质押、抵押的区分，设定统一化的担保物权

质押与抵押在传统物权法领域泾渭分明，质押一般针对动产，以占有实现物权的公示效果，所有权人以转移占有的方式在质押物上设立担保，担保权利人则以占有质物的方式实际控制质物，从而具备了处分质物的事实上的优先性；抵押一般针对不动产，以登记的方式实现公示，从而任意的第三人可以通过查阅不动产登记簿的方式来获知相关不动产的抵押情况，也据此保障抵押权人的优先性。而在新型财产权利不断涌现的今天，以权利为基础的质权广泛出现，权利质权的公示问题以传统观点难以解释，但若否认权利质权的法律效力，又将对权利质权的广泛实践应用产生不利影响。有鉴于此，将质押与抵押截然分开的思路是否应当继续使用十分值得怀疑。抵押与质押的根本区别在于是否转移占有，但转移占有本身只是公示的一种形态，因此，区分抵押和质押只是体现了物权设立方式的不同，在具体担保物权的保障力度、运行机制方面，抵押和质押并无根本性的区别，因此，将抵押权与质押权直接合并为担保权，仅在具体公示方式上作出区分，不至于导致物权法的混乱。示范法中没有明确地指出这一点，然而却体现了质押与抵押合并化的思路。质押与抵押合并化可以终结关于权利质押到底属于质押还是抵押

的讨论，有助于将不同的担保物的客体合并处理，构建更加统一高效、公示清晰的物权担保体系。

2. 淡化对客体法定的要求，对客体的选择采取实质化标准

由于物权具有绝对性，具备强大的对第三人的效力，若允许任意设置物权，将极大地妨害以第三人利益为代表的社会公共利益，因此，各国物权法律规范都将物权法定作为物权法的基本原则。物权法定原则包含三个方面的内涵：客体法定、内容法定、效力法定，未经物权法明确规定的客体上所设置的"物权"，不具备物权法上的效力。但有越来越多的研究者指出，物权法定也在一定程度上阻碍了金融创新。随着市场经济的不断发展，世界各国都对传统的物权法定原则进行了一定程度的弱化，以适应不断发展的经济要求。在对物权法定原则弱化的问题上，最为突出的是对物权客体的法定方面。新型财产权的不断涌现为物权的客体提供了越来越多的新类型，这些新类型的财产有必要纳入物权法的保护中。应当以更加开放的态度面对新型物权担保，对新型物权担保设置科学合理的公示方式，既能够发挥新型担保为商事主体增信的作用，也能同时降低物权滥用的风险。

3. 重视公示的实质化效果，采取更加高效便捷的物权公示模式

不论是占有方式的公示抑或是登记方式的公示，第三人其实难以有效获知相关财产的抵押或质押情况，法律所规定的公示方式实际上是基于一种推定而不是事实。在我国，若想要获知特定不动产的查封抵押情况，基本程序是：先要在所在地级市的房管、土地部门提交材料，获取必要信息，然后去相对应的区级不动产登记机构查询。这个手续较为烦琐，对于一般的社会公众而言，运用起来具有相当的难度。当然，以现有技术手段，难以实质性地解决示范法提出的路径。但是，当下较为可行的做法是建立更加统一的、信息化的物权登记机构，便利社会公众对需要登记的担保物权之查询；而在债权质押登记领域，这一需求则更加迫切。

第二节　德国与日本的让与担保实践

德国和日本作为比较典型的大陆法系国家，虽然在担保的具体对待方式

上存在较大的差别，但在总体思路上比较相近。相比而言，德国与日本的让与担保实践基于各自的长期实践经验，对我国的借鉴意义相对有限。

一、让与担保

让与担保在绝大多数国家都被视为一种非典型担保形态。让与担保在实践中根据是否转移标的物的占有可以区分为转移式让与担保与非转移式让与担保，根据转移标的物的性质可以划分为不动产让与担保、动产让与担保和权利让与担保。针对转移式让与担保而言，它和质押担保存在高度近似，因此在实践中权利人选择担保方式时，一般不会考虑转移式让与担保，特别是在动产的让与担保方面。实践中当事人选择让与担保的原因往往在于需要一种能够担保债务履行，但是又无须转移占有的方式，因为对标的物的占有对担保权人而言可能不存在任何效用，还需要付出额外的成本和责任，因此十分不利，而对于不动产作为标的物时，当事人完全可以选择抵押方式来对不动产设立担保，从而实现无须转移占有的效果，因此，针对不动产作为标的物时，当事人没有转移占有的动机；而在标的物是动产时，当事人完全可以选择法定的质押担保的形态，因此，当事人也不存在对动产进行让与担保的动机；至于权利作为标的物的情况，由于权利本身不易转移占有，因此更不存在权利的转移式让与担保。因此，非转移式让与担保才是让与担保的主流。通过裁判文书网的检索可知，我国法院受理的让与担保案例中，绝大多数是不动产的非转移式让与担保。不动产的让与担保常常伴随着民间借贷行为，由于房屋拍卖变价的数额相对较小，不利于实现担保物的价值，让与担保能够更好地保障债权人的利益，但也存在流质的嫌疑。

二、德国、日本的让与担保模式的比较与启示

与我国让与担保的实践相反，德国让与担保制度的主要标的物是动产。德国的让与担保制度与质押互为呼应，分别解决占有不转移和占有转移时的情况，让与担保能够使出让人既能够获得动产的使用价值，又能够获得动产的担保价值。在让与担保的具体实现方面，德国允许当事人以直接交付和占

有改定的方式完成让与担保的设定。德国认为，让与担保的实质是就标的物设立一种特殊的信托，通过所有权与占有的分离，借用所有权的特性来保障真实所有权人对于债务的优先受偿权，因此，德国的让与担保不存在违反物权法定原则的问题。德国的处理思路虽然因为不涉及不动产而对于我国的司法实践指导意义有限，但其思路有助于我们进一步深化对于让与担保的意思表示问题的理解。

日本民法坚持物权变动意思主义的观点，双方合意即可发生物权变动的效果，但需要公示才具备对抗效力。日本在让与担保制度（又称让渡担保）的构建过程中借鉴了德国的理论与实践。围绕让与担保中物权何时出现转移进行过讨论，有学者认为在意思主义的变动模式之下，让与担保时，不动产在对外效力上已经发生了所有权的移转，但是在让与担保双方之间不发生所有权的转移，所有权仍然归属原来的所有权人。日本民法没有完全继受德国民法让与担保体系后来转向认定，不论是对内效力或者对外效力，物权都已经发生了转移。这样看来，实际上让与担保已经发生与买卖合同相同的法律效力。因此，在让与担保的过程中，没有实现让与担保时，担保物归属于提供担保的那一方所有，债权人对于担保物只享有理论上的担保效果。

动产让与担保和不动产让与担保有本质区别。其他国家和我国台湾地区的让与担保实践集中在动产的让与担保领域，而对于不动产的让与担保领域能够提供的借鉴非常有限。如何处理好我国实践中的不动产让与担保问题可能更加关键，让与担保本身具有实践性、复杂性等问题，同样作为让与担保，当事人在合同中作出的约定直接左右了让与担保的实际效果。

德国将让与担保所涉及的财产理解为设立了一种特殊的信托，这种思路值得我国借鉴，当前，不少研究者认为让与担保属于虚伪意思表示，我们不能认同这种指责，在进行让与担保时，尽管双方以买卖为名，行担保之实，但是这种"通谋的虚伪意思表示"不能直接认为是缺乏意思的一致，相反，它实际上恰好反映了当事人就以物权变动设置担保的真实意思表示。让与担保常常出现在商事交易之中，裁判者应当尽可能地尊重当事人所达成的一致意思表示，而不能任意地否认和曲解当事人的意思，而德国的实践巧妙地将该财产视为一种特殊的信托，有力地解释了基于合同的所有权与基于物权的所有权的错乱关系，使之能够在维护物权法律执行的情况下，实现当事人的担保目的。

综合日本、德国等具备典型大陆法系特征的法律实践以及我国治湾地区的实践经验，对于担保物权的规制可谓纷繁复杂，在无形中设置了巨大的法律障碍，也极易造成实质与形式的不当分离。相比较之下，联合国的示范法与美国统一商法典更加体现了在信息化时代的背景下，过分地强调占有不利于构建科学合理的担保体系。在当前社会经济条件下，占有与所有的关系越来越模糊，占有规则被迫划分为直接占有、间接占有、控制但不发生占有、完全占有、不完全占有等极其复杂的规则体系，占有之所以能够反映相对复杂的所有关系，是因为占有相对所有更加直观，以占有推定所有往往不容易出错。但在技术不断进步的今天，越来越多的财产客观上无法被占有，越来越多的财产的占有也显得过于模糊，此时若仍然将占有视为一种恰当的公示方式，可能反而造成更大的混乱，因此，以登记作为确立物权公示的方式才是未来物权发展的方向。

第三节　韩国的债权担保实践

一、债权担保的适用

韩国研究者认为，在韩国司法实践中，由于对质权的占有要求过分强调导致韩国在质权领域的实践极少；又由于让与担保本身存在一定的不确定性，因此也在实践中使用较少。为了能够广泛使用动产担保和债权担保，韩国制定了有关动产债权担保的法律，该法不仅创设了新的担保权即动产担保权和债权担保权，而且还创设了担保登记制度。在《韩国动产、债权担保法》中，动产担保权、债权担保权和不动产担保权一样可以进行登记。该法规定，只要是有关担保的约定，均可根据本法进行登记。不仅是让与担保，有关动产担保和债权担保、部分有权保留买卖等亦可根据本法进行登记。基于这种担保约定，根据本法进行担保登记的，与其约定内容无关，原则上均视为该法所调整的担保。这种担保权统一化立法的模式，与联合国《担保交易示范法》的建议十分吻合。

允许金钱为标的债权和将来债权作为担保的客体。只有具有金钱内容的债权才能作为债权担保的客体，由此可推断租赁权、经营权质押等不具有直接金钱内容的财产权利不能作为债权担保的客体。此外，韩国相关法律还认为，担保标的物即使是将来债权也可以成为债权担保的客体，债权人是否特定化不影响该标的物的合法性，只要债权的种类、发生原因、发生时间得以确定，就可以作为合法的债权担保。

韩国将债权担保的主体限定为法人或者进行了商号登记的人。而普通自然人无法使用质权担保权和债权担保权。这反映出韩国在对于担保的立法中将债权担保认定为一种彻底的商行为。研究者认为❶，限制债权担保的主体适用范围，是为了解决新旧法律变化的过渡性措施。将来应当解除主体适用范围的限制。也有研究者主张经营性财产才可以作为债权担保权的客体，禁止对消费品设定担保的方案。这些措施实际上都是为了突出债权担保措施的商业性。

然而，由于我国坚持民商合一的立法体例，过分强调担保的商业性可能会不恰当地限制担保的运用范围，应当允许普通的民事主体之间形成以新型担保为内容的民商事关系的安排。

二、债权担保的公示

韩国法律规定，该国实行担保登记制度，对于动产担保权或者债权担保权的设定、变更、转移、消灭等情况均由法院负责登记管理，具体由设立担保权的商主体注册登记地的法院管理，然后由登记机关以申请号码为序，对登记信息进行电子化登记。登记时为了防止欺诈的产生，要求由担保权人和提供担保的主体共同申请登记，并将登记的存续期规定为 5 年。韩国允许双方以在线申请的方式完成对相关担保信息的登记，普通社会公众可以通过登

---

❶ 金载亨，金香花.《韩国动产、债权担保法》的基本结构［M］//山东大学法学院. 山东大学法律评论. 济南：山东大学出版社，2014：6-16.

记系统查询动产和债权登记的情况。

三、启　　示

韩国作为发达国家中起步较晚，法律体系不够健全的发达经济体，其在新型担保规制领域实际上缺乏制度上的原创性，从其债权担保制度上可以明显看出受到《日本担保法》和《美国统一商法典》影响的痕迹。但是韩国立法善于吸收域外国家经验做法的本身值得借鉴。当前全球经济一体化深入发展，各国的商事法律实践逐步趋同，片面地强调物权法的民族性和地域性可能造成不利影响。韩国放弃了传统的动产担保方式和权利担保方式，实现了对质权、抵押权的彻底统一，以登记作为唯一合法的公示方式，配合高效有序的登记机制，有助于充分发挥新型担保的经济价值。

构建统一的担保体系有助于及时纳入新型担保方式。统一化的担保体系将担保领域的复杂规则简化为一体化的登记公示规则，任何担保形态，即使是游离于法律边缘的让与担保、存货动态质押等形态，都能够被这个复杂的体系吸收，因此也就无所谓传统担保和新型担保的区分了，至于是否要在担保之余，转移相关财产的占有，则完全可以依据当事人的约定来进行权利义务的安排，无须赋予占有在担保领域的特殊物权意义。

第四节　我国台湾地区对新型物权担保客体的规制

一、我国台湾地区对担保物权客体的规定

我国台湾地区所谓"民法典·物权编"第860条规定，称抵押权者，谓对于债务人或第三人不移转占有而供担保之不动产，得就其卖得价金受清偿之权。第882条规定，地上权、永佃权及典权，均得为抵押权之标的物。第884条规定，称动产质权者，谓因担保债权，占有由债务人或第三人移交之动产，得就其卖得价金，受清偿之权。第900条规定，可让与债权及其他权

利,均得为质权之标的物。第911条规定,称典权者,谓支付典价,占有他人之不动产,而为使用及收益之权。由上可看出,我国台湾地区并未对担保物权的客体进行列举,而是概括化地列举了担保物权所允许的客体。抵押权允许将不动产及不动产的衍生权作为抵押客体;质权方面允许动产、可让与债权及其他权利;典权方面允许将不动产设典。有学者认为,我国台湾地区严格执行物权法定原则,除上述以外的客体上不允许设置担保物权。

航空器与船舶抵押权、渔业权及矿业权在台湾地区先后被确认为抵押权之标的物。

我国台湾地区的所谓"民法典·物权编"第905条规定,为质权目标物之债权,以金钱给付为内容,而其清偿期先于其所担保债权之清偿期者,质权人得请求债务人提存之,并对提存物行使其质权。为质权目标物之债权,以金钱给付为内容,而其清偿期后于其所担保债权之清偿期者,质权人于其清偿期届至时,得就担保之债权额,为给付之请求。据此,本研究所探讨的理财产品质押、保单质押、金钱质押、收费权质押能够得以在台湾地区实现,而其他新型物权担保则不能实现。

二、两岸担保物权的比较与启示

1. 反 担 保

反担保是指为债务人担保的第三人,为了保证其追偿权的实现,要求债务人提供的担保。在债务清偿期届满,债务人未履行债务时,由第三人承担担保责任后,第三人即成为债务人的债权人,第三人对其代债权人清偿的债务,有向债务人追偿的权利。当第三人行使追偿权时,有可能因债务人无力偿还而使追偿权落空,为了保证追偿权的实现,第三人在为债务人作担保时,可以要求债务人为其提供担保,这种债务人反过来又为担保人提供的担保叫反担保。大陆《民法典》规定,第三人为债务人向债权人提供担保的,可以要求债务人提供反担保。反担保适用本法和其他法律的规定。而台湾地区并未规定反担保。反担保具有维护担保人的利益、保障其将来可能发生的追偿权实现的作用;有助于本担保关系的设立,打消担保人疑虑;有助于根据实际情况和需要与本担保巧妙地结合,为复杂情况下担保关系的建立提供方便。实践中，债务人时常会出于特殊的考虑，使得某一担保的直接设定遇到一些障碍，这时，即可利用反担保方式迂回设置担保。

2. 流质禁止

大陆《民法典》禁止流质与流押，而台湾地区则有条件地承认流质契约。禁止流质与流押的初衷在于流质、流押情形出现时，债权人极易利用自身优势地位，不公平地获得担保财产，从而不正当地损害债务人、担保人的合法权益。值得注意的是，我国虽然禁止流质与流押，但是却允许双方对质押物、抵押物协商作价抵偿。这种"抵偿"实际上也是流质、流押，只是经过评估协商之后，避免了出现严重不公平的情况。由此可见，流质、流押之所以被法律所禁止，并非因为这样的行为本身具有违法性，而是因为这种情况下极易导致双方权利义务的不公平。据此，我国台湾地区有条件地承认流质，让抵押权人与抵押人约定，在没有如约届期清偿债务的情况下，抵押物所有权转移给抵押权人，并附条件地规范抵押人可以在抵押物所有权移转于抵押权人前，有权清偿抵押权债权消灭该抵押权；而抵押物价值超过担保债权部分仍应返还抵押人等条件与方式，可以解决抵押权人与抵押人之债权债务关系失衡问题。同时，流质契约可以有效减少抵押物被拍卖，进而造成双方经济利益损失。若出现流拍的，债权人即可以以底价购买。笔者认为这样的约定具有合理性。

此外，不禁止流质契约既为双方进行复杂的合同安排提供了条件，也为动产的让与担保提供了合法化空间。

第五章　新型担保与营商环境

新型担保的设立是为了市场主体营商环境的改善和优化。从主体层面来看，发展新型担保目标是降低中小企业的融资成本，激活中小企业活力，满足中小企业特别是小微企业的融资、增信对法律制度的需要；从操作层面来看，正视新型担保需要将新型担保与应收账款融资结合，扩大企业作为市场主体的担保工具库；从营商环境优化的角度来看，新型担保制度的完善需要将担保制度的发展与"放管服"改革结合，与国家、地方层面的其他优惠政策相呼应；从司法功能实现来看，新型担保作为一种处于模糊地带的担保形态，亟须得到法治保障，使新型担保的实践有法律保障。

第一节　营商环境改善中的法治因素

为了衡量各个国家/地区的商业环境，自 2003 年以来，世界银行每年都会通过开办企业、申请建筑许可、使用电力、财产登记、获得信贷、保护中小投资者、税收、跨境贸易、合同执行和破产这十项指标对全球经济体的商业环境进行综合评估和排名。商业环境通常被认为是各种环境的有机复合体，例如政治环境、经济环境、法律环境和投资实体在其中从事商业活动的国际环境。作为三大国际金融机构之一，世界银行的旗舰产品"商业环境报告"一直受到世界顶级科研团队的关注。经过 15 年的不断改进，其建立的指标体系已经相对成熟和稳定。我国高度重视营商环境建设，据世界银行《全球营商环境报告2020》可知，我国营商环境排名已从 2014 年的第 96 位提升至 2020 年的第 31 位，营商环境持续向好。而新型担保的相关实践与营商环境中的许多指标存在直接或间接的内在联系。

一、世界银行视野下的营商环境

为了衡量各国的商业环境并促进各国积极制定有利于商业活动的监管法律法规，世界银行特设立"营商环境"小组，负责建设商业环境指标体系，并自2003年以来发布了一系列营商环境报告。这些报告通过收集和计算指标体系的相关数据对经济体的商业环境进行排名，并跟进了一些国家的商业环境指标体系的变化和商业环境的改革。世界银行的《全球营商环境报告》收集了来自全球190个经济体的数据，这些数据来自最初的5个一级指标（开办企业、雇用和解雇员工、执行合同、获得信贷以及处理破产的信息）和20个二级指标，逐步完善到当前的10个一级指标和45个二级指标。从便利化、法治化和国际化的角度来看，以上10个一级指标可以大致分为三类。第一类关注于衡量企业成立和发展（包括开办企业）整个生命周期的复杂性和成本，5个指标包括申请建筑许可、使用电力、财产登记和税收。第二类重点反映企业的法律保护程度，包括获得信贷、保护中小投资者、执行合同和破产4个指标；第三类侧重于反映国际化程度，主要是指跨境贸易。

世界银行对促进商业环境的衡量主要体现在三个方面：程序、时间和成本。程序通常指中小企业与外部方之间完成特定操作的办事次数。程序的数量与业务环境的优劣成反比。世界银行不仅公布每个国家相应指标的程序数量，还公布每个国家程序的具体内容。时间通常以天为单位计算。世界银行对诸如破产之类的时间计算起点和终点有严格的规定。从交易成本的角度来看，任何活动的开展都需要成本。成本的大小在企业运营中起着关键作用。因此，合理控制系统成本对优化营商环境十分重要。世界银行使用百分比来计算成本，通过研究各国的法律法规和商业运作对各种指标采取特定的计算方法。加快改革进程是进行商业环境报告的宗旨。好的监管法律一方面需要完整的系统，透明和可执行的规则；另一方面需要有效的监管程序。商业环境指标体系从两个方面进行衡量：一是其中包含的一些指标用于衡量获得信贷、保护中小投资者、执行合同和解决破产的法律法规的完整性；二是用来衡量企业生命周期监督程序的公平性。应该注意的是，少量的监管法规并不意味着监管实施的质量良好。以申请建筑许可证为例，如果经济体缺乏相关法规或有法规不执行，得分将不会很高。在某些指标上，更好、更完整的监管意味着更高的分数。例如，对于保护中小投资者的法律制度设计，涉及关联交易的披露要求越严格，得分就越高。因此，法治化的商业环境一方面需要建立法律法规以促进市场流通和保护公众利益，另一方面还必须拥有与之配套的低交易成本监管程序。经济的可持续发展需要在"提供良好的监管规则"和"保持企业活力"之间保持动态平衡。

商业环境指标体系的国际化主要体现在指标的比较参考和国家贸易对接的便利性上。"比较参考"意味着业务环境指标体系的指标选择来自企业生命周期的必要阶段。企业在全球经济中的实际运作将经历指数阶段。因此，所选指标在各个国家都得到了可比较的量化展示。尽管各国政治经济体制不同，各项指标的实际运作内容也不相同，但技术的相互借鉴对改善商业环境仍具有重要意义。例如，开办企业的相关程序是在线发布的，相关批准甚至已经能够在线完成。便利国家之间的贸易对接主要体现在指标体系相关数据的公开性和透明性上。从跨境贸易指标的角度来看，任何商品的跨境贸易都首先需要获得国内文件（以电子或书面形式与货物一同提交）的所有相关信息，并在港口或边境的装卸和海关申报过程中提交文件，以完成商品的跨境交易。世界银行披露相关的程序时间和成本数据有利于提高跨境交易的效率，减少双方之间的国际贸易摩擦，并促进经济全球化进程。

当前，根据世界银行网站数据可知，我国大力营造公平、透明、可预期的营商环境，营商环境全球排名持续提升。在 2019 年世界银行营商环境评估中位列第 31 位。连续两年被世界银行评定为全球营商环境改善幅度最大的 10 个经济体之一。分项来看，开办企业方面排名第 27 位，申请建筑许可方面排名第 33 位，使用电力方面排名第 12 位，财产登记方面排名第 28 位，获得信贷方面排名第 80 位，保护中小投资者方面排名第 28 位，税收方面排名第 105 位，跨境贸易方面排名第 56 位。显然，我国在获得信贷、税收方面具有较大的提升空间，而获得信贷与新型担保密切相关。

二、我国营商环境优化与"放管服"改革

2020 年 1 月 1 日，《优化营商环境条例》正式生效，我国的优化营商环

境工作有了法规上的遵循。我国早在 2015 年就已开始"放管服"改革，这与营商环境优化工作遥相呼应。后续的营商环境优化工作实际上是放管服改革的深入和延续。

我国对于营商环境的改善手段有着独特而精准的理解，营商环境的改善聚焦于国家持续深化简政放权、放管结合、优化服务改革，最大限度减少政府对市场资源的直接配置，最大限度减少政府对市场活动的直接干预，加强和规范事中事后监管，着力提升政务服务能力和水平，切实降低制度性交易成本，更大激发市场活力和社会创造力，增强发展动力。各级人民政府及其部门应当坚持政务公开透明，以公开为常态、不公开为例外，全面推进决策、执行、管理、服务、结果公开。优化营商环境应当坚持市场化、法治化、国际化原则，以市场主体需求为导向，以深刻转变政府职能为核心，创新体制机制、强化协同联动、完善法治保障，对标国际先进水平，为各类市场主体投资兴业营造稳定、公平、透明、可预期的良好环境。

从要素上看，我国将营商环境的评价分为市场主体保护、市场环境、政务服务、监管执法、法治保障五大板块，其涵盖面和涉及深度远超世界银行的界定。

在市场主体保护板块中，我国主要聚焦市场主体的平等、自主和透明。国家坚持权利平等、机会平等、规则平等，保障各种所有制经济平等受到法律保护。市场主体依法享有经营自主权。对依法应当由市场主体自主决策的各类事项，任何单位和个人不得干预。国家保障各类市场主体依法平等使用资金、技术、人力资源、土地使用权及其他自然资源等各类生产要素和公共服务资源。各类市场主体依法平等适用国家支持发展的政策。政府及其有关部门在政府资金安排、土地供应、税费减免、资质许可、标准制定、项目申报、职称评定、人力资源政策等方面，应当依法平等对待各类市场主体，不得制定或者实施歧视性政策措施。

在市场环境板块中，我国主要聚焦市场环境的便利、开放和有序竞争。政府有关部门应当按照国家有关规定，简化企业从申请设立到具备一般性经营条件所需办理的手续。在国家规定的企业开办时限内，各地区应当确定并公开具体办理时间。国家持续放宽市场准入，并实行全国统一的市场准入负面清单制度。市场准入负面清单以外的领域，各类市场主体均可以依法平等进入。政府有关部门应当加大反垄断和反不正当竞争执法力度，有效预防和制止市场经济活动中的垄断行为、不正当竞争行为以及滥用行政权力排除、限制竞争的行为，营造公平竞争的市场环境。

在政务服务板块中，我国主要聚焦政务服务的规范、便利、高效。政府及其有关部门应当推进政务服务标准化，按照减环节、减材料、减时限的要求，编制并向社会公开政务服务事项（包括行政权力事项和公共服务事项，下同）标准化工作流程和办事指南，细化量化政务服务标准，压缩自由裁量权，推进同一事项实行无差别受理、同标准办理。没有法律、法规、规章依据，不得增设政务服务事项的办理条件和环节。政府及其有关部门办理政务服务事项，应当根据实际情况，推行当场办结、一次办结、限时办结等制度，实现集中办理、就近办理、网上办理、异地可办。需要市场主体补正有关材料、手续的，应当一次性告知需要补正的内容；需要进行现场踏勘、现场核查、技术审查、听证论证的，应当及时安排、限时办结。

而在监管执法方面，我国强调政府有关部门应当严格按照法律、法规和职责，落实监管责任，明确监管对象和范围、厘清监管事权，依法对市场主体进行监管，实现监管全覆盖，并健全公开透明的监管规则和标准体系。国务院有关部门应当分领域制定全国统一、简明易行的监管规则和标准，并向社会公开。

在法治保障方面，新条例特别强调没有法律、法规或者国务院决定和命令依据的，行政规范性文件不得减损市场主体合法权益或者增加其义务，不得设置市场准入和退出条件，不得干预市场主体正常生产经营活动。涉及市场主体权利义务的行政规范性文件应当按照法定要求和程序予以公布，未经公布的不得作为行政管理依据。政府及其有关部门应当整合律师、公证、司法鉴定、调解、仲裁等公共法律服务资源，加快推进公共法律服务体系建设，全面提升公共法律服务能力和水平，为优化营商环境提供全方位法律服务。

第二节　新型担保与中小企业融资

为了改善中小企业经营环境，保障中小企业公平参与市场竞争，维护中小企业合法权益，支持中小企业创业创新，促进中小企业健康发展，扩大城乡就业，发挥中小企业在国民经济和社会发展中的重要作用，我国于2002年通过了《中华人民共和国中小企业促进法》（以下简称《中小企业促进法》）。我国的中小企业，是指在中华人民共和国境内依法设立的，人员规模、经营规模相对较小的企业，包括中型企业、小型企业和微型企业。我国已经将"促进中小企业发展"作为长期发展战略。该法第 3 条明确规定，"坚持各类企业权利平等、机会平等、规则平等，对中小企业特别是其中的小型微型企业实行积极扶持、加强引导、完善服务、依法规范、保障权益的方针"，这体现了党和国家对于中小企业发展的重视，也从侧面反映了我国中小企业在发展上遇到了一定的阻碍。而发展新型担保对于破解中小企业"融资难""融资贵"的问题具有重大意义❶。

在促进中小企业发展方面，国务院具有统筹各方的关键作用。《中小企业促进法》要求：（1）为中小企业创立和发展创造有利的环境；（2）制定促进中小企业发展政策；（3）建立中小企业促进工作协调机制，统筹全国中小企业促进工作。

在促进中小企业发展方面，中国人民银行、银监会也被赋予重要作用。《中小企业促进法》第 14~15 条要求：

中国人民银行应当综合运用货币政策工具，鼓励和引导金融机构加大对小型微型企业的信贷支持，改善小型微型企业融资环境。

---

❶ 《国务院办公厅关于金融支持小微企业发展的实施意见》（国办发〔2013〕87号）中指出，要确保实现小微企业贷款增速和增量"两个不低于"的目标。继续坚持"两个不低于"的小微企业金融服务目标，在风险总体可控的前提下，确保小微企业贷款增速不低于各项贷款平均水平、增量不低于上年同期水平。在继续实施稳健的货币政策、合理保持全年货币信贷总量的前提下，优化信贷结构，腾挪信贷资源，在盘活存量中扩大小微企业融资增量，在新增信贷中增加小微企业贷款份额。充分发挥再贷款、再贴现和差别准备金动态调整机制的引导作用，对中小金融机构继续实施较低的存款准备金率。进一步细化"两个不低于"的考核措施，对银行业金融机构的小微企业贷款比例、贷款覆盖率、服务覆盖率和申贷获得率等指标，定期考核，按月通报。要求各银行业金融机构在商业可持续和有效控制风险的前提下，单列小微企业信贷计划，合理分解任务，优化绩效考核机制，并由主要负责人推动层层落实。但如今看来，效果似乎并不理想。

国务院银行业监督管理机构对金融机构开展小型微型企业金融服务应当制定差异化监管政策，采取合理提高小型微型企业不良贷款容忍度等措施，引导金融机构增加小型微型企业融资规模和比重，提高金融服务水平。

值得指出的是，该法还特别强调了应收账款融资在促进中小企业发展中的重要地位，而许多特定类型的新型担保与应收账款融资存在密切的联系。

当前，中小企业对于融资存在迫切需要，而新型担保为提高中小企业的融资能力提供了良好的切入点。新型担保的出现有助于提高银行金融机构的金融创新能力，为中小企业的发展注入源头活水。破解银行"不愿贷""不敢贷"的关键在于为中小企业增信。一段时期以来，银行收缩信贷往往倾向于首先压缩中小企业的贷款，大型商业银行在一些地方的分支机构表现尤为明显。为了控制不良贷款率，部分金融机构曾经在一段时间内严格控制对中小企业的放贷。一般认为主要是因为对这些中小企业的具体情况不清楚，要一家一家摸准情况，比如查企业的用水用电情况，是否按时纳税等情况，调查成本很高。除了人工成本高以外，中小企业缺少抵押物和担保，也是不少银行在面对中小企业的融资需求时"不敢贷"的原因。部分金融机构认为，越是着急借钱的企业，往往风险也越高。因此，越是着急要贷款，金融机构越是不敢放贷。在这种情况下，银行都会要求企业提供抵押物或者由其他企业、机构担保。有的企业认为，担保相关业务费用也是一笔不小的开支，企业本身就缺钱才想着去融资，但为了借到钱可能还得先交费。时间长、手续多、费用高……这些对银行担保贷款业务的看法，往往让许多中小企业对银行贷款望而却步。有学者认为，要破解银行不愿贷、不敢贷问题，除了加强监管之外，还需要进一步健全激励机制，调动银行对中小企业放贷的积极性。如在控制整体风险的前提下，对中小企业贷款单独考核，激励银行对中小企业增加放贷并增加对不良贷款率的包容度，进一步健全相关激励机制，让银行在给中小企业贷款的时候更加"放得开手脚"。目前新兴金融科技为银行服务小微企业客户提供了新的风控技术和条件，如运用大数据分析可以破解信息不对称难题，通过打通全行不同渠道、不同部门数据壁垒，实现对小微企业和企业主信息的系统整合，同时精准分析小微企业生产经营和信用状况，为小微企业融资有效增信。银行通过金融科技手段建立的智能风控系统，也能够提高持续服务小微企业的能力，降低贷款的不良率。

对于一家经营暂时陷入困难的企业，其最担心的是来自银行的"抽贷""断贷"行为，特别是当企业涉及多家银行授信时，往往一家银行"抽贷"，其他家银行迅速跟进，从而使企业经营雪上加霜。国务院金融稳定发展委员会召开防范化解金融风险第十次专题会议，提出要特别聚焦解决中小微企业和民营企业融资难题，不盲目停贷、压贷、抽贷、断贷。过去一段时间，部分民营企业脱离主业大肆扩张，导致企业对资金的饥渴和负债率的高攀。一旦市场出现重大变化，企业会立刻出现资金链断裂，无法按期偿还贷款的问题。"因此，民营企业还是应当聚焦主业，下功夫提高核心竞争力和经营管理能力，否则再多的资金也难以满足。"❶ 此外，对一些存在经营风险的企业，部分银行只关注短期效益的行为，也加剧了"抽断贷"问题。其中，"联保互保"风险颇具典型性，很容易拖垮一个原本经营良好的企业。如果企业的流动性困难只是暂时的，未来会有一定的订单和现金回流，应要求银行不要停贷、压贷，而继续给予支持，帮助企业渡过难关；如果企业的经营管理粗放、产品缺乏竞争力、技术落后，在转型升级过程中可能被淘汰，有些甚至可能是"僵尸企业"，这就不在有效贷款的需求范围内。缓解"融资难""融资贵"问题，不能靠放松风险管控，不能靠降低信贷标准。一方面，银行应继续加大对小微企业、民营企业的支持力度，持续优化金融服务；另一方面，银行应继续"改进"风险管理，而不是"放松"风险管理、降低信贷标准。

而新型担保有助于化解现存问题，改善中小企业的融资环境。

第三节　新型担保与营商环境优化

增强新型担保的运用能够有效降低企业的融资负担，进而实现营商环境的优化。

---

❶ 三问如何化解"金融支持中小企业难点"［EB/OL］.（2018-11-06）［2021-03-21］.http：//baijiahao.baidu.com/s？id=161635/10/205109653&ufr=spiderqfor=pc.

营商环境，按照世界银行的定义，主要是指伴随企业活动整个过程，包括从开办、运营到结束各环节的各种周围境况和条件的综合，具体而言，包括影响企业活动的社会要素、经济要素、政治要素和法律要素等方面。金融环境是营商环境的重要组成部分。由于中小企业的自身特点，利用新型担保为中小企业增信，提高其融资能力，能够有效地改善中小企业所面临的营商环境，实现营商环境的全面优化。

党的十九大报告明确指出，要"激发和保护企业家精神，鼓励更多社会主体投身创新创业"。2018 年首次国务院常务会议的首个议题是部署进一步优化营商环境。7 月 18 日，李克强总理主持召开国务院常务会议，再次部署持续优化营商环境，确定加快建设全国一体化在线政务服务平台的措施，以"一网通办"更加便利群众办事创业。党的十九大以来，全国各地纷纷出台政策措施，聚焦改善营商环境，促进转型发展。河北省人大专门为优化营商环境立法，表决通过了《河北省优化营商环境条例》；山东省领导牵头挂帅，强力推进优化企业开办、不动产登记、工程建设项目审批等十大专项行动；湖北省全面实施市场准入负面清单制度，敞开市场大门……❶近年来，中央一直强调要完善法治化、国际化、便利化的营商环境。按照党中央、国务院部署，各地区、各部门深化"放管服"改革，大力优化营商环境，取得了积极成效。要更大限度激发市场活力、调动人的积极性和社会创造力，聚焦市场主体和人民群众的痛点难点，突出重点，把该放的权力放给市场主体，营造公平竞争的市场环境，激发创业创新活力。

2018 年 10 月 29 日，《国务院办公厅关于聚焦企业关切进一步推动优化营商环境政策落实的通知》（国办发〔2018〕104 号）中旗帜鲜明地指出，要求"坚决破除各种不合理门槛和限制，营造公平竞争市场环境"。要求"推动缓解中小微企业融资难融资贵问题"，强调"人民银行要牵头会同有关部门疏通货币信贷政策传导机制，综合运用多种工具，细化监管措施，强

---

❶ 刘彦华. 中国营商环境满意度大调查：成本高普遍存在 地方政府失信难遏制 [EB/OL]. （2018-08-01）[2021-03-21]. http：//news. sina. cn/c/2018-08-14/doc-ihhtfwqq6111883. shtml.

化政策协调，提高政策精准度，稳定市场预期"；要求"抓好支小再贷款、中小企业高收益债券、小微企业金融债券、知识产权质押融资等相关政策落实"；要求"银保监会要抓紧制定出台鼓励银行业金融机构对民营企业加大信贷支持力度，不盲目停贷、压贷、抽贷、断贷的政策措施，防止对民营企业随意减少授信、抽贷断贷'一刀切'等做法"；要求"建立金融机构绩效考核与小微信贷投放挂钩的激励机制，修改完善尽职免责实施办法"；要求"财政部、人力资源社会保障部、人民银行要指导各地区加大创业担保贷款贴息资金支持"；要求"各地区要通过设立创业启动基金等方式，支持高校毕业生等群体创业创新"；要求"银保监会、税务总局要积极推进'银税互动'，鼓励商业银行依托纳税信用信息创新信贷产品，推动税务、银行信息互联互通，缓解小微企业融资难题"；要求"银保监会要督促有关金融机构坚决取消和查处各类违规手续费，除银团贷款外，不得向小微企业收取贷款承诺费、资金管理费，严格限制向小微企业收取财务顾问费、咨询费等费用，减少融资过程中的附加费用，降低融资成本"。中央层面的通知颁布后，地方积极跟进，例如甘肃省颁布了《甘肃省人民政府办公厅关于聚焦企业关切进一步推动优化营商环境政策落实的通知》（甘政办发〔2018〕222号），提出"人行兰州中心支行要会同有关部门疏通货币信贷政策传导机制，综合运用多种工具，细化监管措施，强化政策协调，提高政策精准度，稳定市场预期。抓好支小再贷款、中小企业增信集合债、小微企业金融债券、应收账款质押融资等相关政策落实。甘肃银保监局筹备组要根据银保监会关于鼓励银行业金融机构对民营企业加大信贷支持力度，不盲目停贷、压贷、抽贷、断贷的政策措施，结合实际，制定相应工作措施，防止对民营企业随意减少授信、抽贷断贷'一刀切'等做法。督促银行业金融机构建立金融绩效考核与小微信贷投放挂钩的激励机制，进一步修订完善尽职免责实施办法。省人社厅、省财政厅要加强与人行兰州中心支行和各银行业金融机构的协调力度，进一步加大拓宽贷款扶持范围、放宽贷款条件和反担保方式，提高贷款工作效率，加大对企业支持力度，加强与银行的合作力度，提高创业担保贷款工作效率。各市州要进一步规范创业贷款担保基金管理机制，管好用好创业贷款担保基金，支持高校毕业生群体创业创新。省市场监管局要会同有关部门推动知识产权质押融资，大力支撑企业以商标、专利、科研成果等知识产权质押融资，并落实相关贴息补贴政策。省税务局、省金融监管局、人行兰州中心支行、甘肃银保监局筹备组要积极推进'银税互动'，鼓励商业银行依托纳税信用信息创新信贷产品，推动税务、银行信息互联互通，缓解小微企业融资难题。甘肃银保监局筹备组、省市场监管局要督促银行业金融机构根据《中华人民共和国价格法》和《商业银行服务价格管理办法》规定，开展合法合规的银行收费项目和收费行为，引导银行业金融机构合理确定考核机制，严格执行'七不准、四公开'、'两禁两限'要求，严禁银行业违规通过中介机构进行收费，督促有关银行业金融机构坚决取消和查处各类违规手续费，除银团贷款外，不得向小微企业收取贷款承诺费、资金管理费，严格限制向小微企业收取财务顾问费、咨询费等，减少融资过程中的附加费用，降低融资成本"❶等配套举措。

《最高人民法院关于为改善营商环境提供司法保障的若干意见》（法发〔2017〕23号）则运用司法功能助力营商环境改善。该意见提出："坚持平等保护原则，充分保障各类市场主体的合法权益。全面贯彻平等保护不同所有制主体、不同地区市场主体、不同行业利益主体的工作要求，坚持各类市场主体法律地位平等、权利保护平等和发展机会平等的原则，依法化解各类矛盾纠纷，推动形成平等有序、充满活力的法治化营商环境。严格落实《最高人民法院关于依法平等保护非公有制经济促进非公有制经济健康发展的意见》，为非公有制经济健康发展提供良好的司法环境。""加大产权保护力度，夯实良好营商环境的制度基础。严格落实《中共中央、国务院关于完善产权保护制度依法保护产权的意见》及《最高人民法院关于充分发挥审判职能作用切实加强产权司法保护的意见》，完善各类市场交易规则，妥善处理涉产权保护案件，推动建立健全产权保护法律制度体系。深入研究和合理保护新型权利类型，科学界定产权保护边界，妥善调

---

❶ 甘肃省人民政府办公厅关于聚焦企业关切进一步推动优化营商环境政策落实的通知［EB/OL］.（2018 – 12 – 26）［2021 – 03 – 21］. https：//zwfw. gansu. gov. cn/art/2018/12/26/art_408771_109647. html.

处权利冲突，切实实现产权保护法治化。""妥善审理各类金融案件，为优化营商环境提供金融司法支持。依法审理金融借款、担保、票据、证券、期货、保险、信托、民间借贷等案件，保护合法交易，平衡各方利益。以服务实体经济为宗旨，引导和规范各类金融行为。慎重审查各类金融创新的交易模式、合同效力，加快研究出台相应的司法解释和司法政策。严厉打击各类金融违法犯罪行为，维护金融秩序。加强对金融消费者的保护，切实维护其合法权益。加强金融审判机构和队伍的专业化建设，持续提升金融审判专业化水平。"该意见强调在担保、民间借贷等案件中服务实体经济、平衡各方利益。

第四节　新型担保与司法功能实现

一般认为，司法包含纠纷解决、权力制约和权利保障、公共政策形成三大功能。纠纷解决功能是指人民法院定分止争，通过各类诉讼活动确认权利与义务、实现权利义务的功能，纠纷解决功能是人民法院司法活动的核心功能，司法是正义的最后一道防线，司法的其他功能也依赖于纠纷解决功能的实现❶。而权力制约与权利保障是针对公权力和私权利的关系而言的，在实行"三权分立"的国家，国会拥有唯一的立法权力；而总统拥有行政决策权，其主要职责为"监督法律之忠实执行"。司法权为审判案件与争论的权力，其由最高法院与国会随时下令设立的次级法院所有，司法权的存在有助于抑制行政权的过分扩张，从而实现保护私权利的作用。我国实行人民代表大会制度，在国家政权中充分发扬民主，贯彻群众路线，坚持党的领导、人

---

❶ 司法能够有效引导社会预期。周强同志在《深入贯彻五大发展理念，加强民事商事审判工作，为实施"十三五"规划提供有力司法服务和保障——在第八次全国法院民事商事审判工作会议上的讲话》（2015年12月23日）中指出，要依法制裁违约行为，鼓励诚信交易，降低维权成本，提高违约成本。发挥司法裁判对市场交易的评价、规范、引导功能，推动形成有序规范、激励创新、公平透明、充满活力的法治化市场竞争环境。景汉朝，最高人民法院立案庭．立案工作指导（总第45辑）[M]．北京：人民法院出版社，2016：34．

民当家作主、依法治国有机统一，是中国特色社会主义民主政治的集中体现。在人民代表大会制度之下，司法权同样具备权力制约的功能，通过行政诉讼的方式审查行政机关的具体行政行为以及法律规定的抽象行政行为，从而达到保护私权利的作用。公共政策形成功能是司法功能的衍生功能，能够越过诉讼与判决，直接作用于不特定多数人，这也为司法力量促进新型担保合法化正规化提供了切入点。

在新型担保这一问题上，通过司法权力运用的引导，肯定某些新型担保的法律效力，能够促使民商事主体接受和认可新型担保，从而实现新型担保的社会作用。从现有司法实践来看，绝大多数法院在对绝大多数新型担保的案件裁判上，体现了一种宽容的态度，尊重了当事人双方的意思自治，对法律的规定尽可能宽松化执行，维护了实践中民商事活动的意思自治，有助于提高中小企业的担保财产数额，提高其融资能力。但是目前的司法功能发挥还远远不够，实践中大量的新型担保纠纷不愿、不敢进入司法程序的现象表明，当前关于新型担保的指引还不够明确，尺度相对混乱，指引效果不佳。这不仅不利于促进裁判的统一性与严肃性，也极大地妨碍了新型担保在支持中小企业发展和改善营商环境方面的重大作用。因此，有必要将新型担保从灰色地带中"清洗"出来，甄别其中具有合法性的类型和不具备合法性的类型。❶ 对于不合法的担保类型要坚决予以取缔和制止，对于合法的担保类型

---

❶ 为此，在民间借贷与新型担保交叉的问题上，《最高人民法院关于依法审理和执行民事商事案件保障民间投资健康发展的通知》指出：依法审理涉及非公有制经济主体的金融借款、融资租赁、民间借贷等案件，依法支持非公有制经济主体多渠道融资。根据物权法定原则的最新发展，正确认定新型担保合同的法律效力，助力提升非公有制经济主体的融资担保能力。正确理解和适用《最高人民法院关于审理民间借贷案件适用法律若干问题的规定》，在统一规范的金融体制改革范围内，依法保护民间金融创新，促进民间资本的市场化有序流动，缓解中小微企业融资困难的问题。严格执行借贷利率的司法保护标准，对商业银行、典当公司、小额贷款公司等以利息以外的不合理收费变相收取的高息不予支持。要区分正常的借贷行为与利用借贷资金从事违法犯罪的行为，既要依法打击和处理非法集资犯罪，又要保护合法的借贷行为，依法维护合同当事人的合法权益。在案件审理过程中，发现有高利率导致的洗钱、暴力追债、恶意追债等犯罪嫌疑的，要及时将相关材料移交公安机关，推动形成合法有序的民间借贷市场。

应当积极支持、明确肯定。

第五节　新型担保与后疫情治理

2020 年，新冠肺炎疫情全球蔓延，我国万众一心，打赢了新冠肺炎疫情的总体战、阻击战，显示出我国体制的优越性，但是全球蔓延的疫情对于经济社会和法律制度产生的冲击仍然难以预计。

突发疫情对湖北武汉市影响巨大。疫情暴发前夕，武汉市将 2020 年 GDP 增长目标定为 7.5% ~ 7.8%。❶ 而 2019 年，武汉 GDP 增速为 7.8% 左右。2021 年年初，武汉市集中开工百余项重大工程，涉及总投资额达 3000 亿元。❷ 但是，连续 2 个多月的封闭管理对于既定目标的实现产生了或多或少的冲击。中小企业受到的冲击则更为严重。武汉市统计局数据表明，2019 年私营、个体和各种形式的灵活就业人员发展到 277.80 万人，占城镇就业人口的比重为 52.90%。2003 年，因 SARS 疫情全国第二季度相比第一季度 GDP 增速下降明显，其中工业下降 8%，建筑业下降 7%，物流业下降 36%，餐饮住宿业下降 15%，其他服务业下降 15%。新冠肺炎疫情期间，武汉市采取的封闭措施在严格程度和持续时间上均前所未有。不断上升的第三产业比重提升了武汉市的经济活力，但也使得本次疫情产生的冲击远甚于 2003 年 SARS 疫情。特别值得注意的是，疫情对经济的直接冲击可能相对有限，但是武汉市人民可能对本市发展前景产生疑虑。

中小企业作为受到疫情冲击最为严重的主体，理应作为定向扶助

---

❶ 2019 年武汉市人民政府工作报告 [EB/OL]．(2020-01-11) [2021-03-21]．https：//baijiahao. baidu. com/s？id=1655442754663346617&wfr=spider&for=pc.

❷ 总投资 3305.4 亿！武汉市一季度重大项目集中开工 [EB/OL]．(2020-02-27) [2021-03-21]．https：//baijiahao. baidu. com/s？id=169284340035563 2509&wfr=spider&for=pc.

的重点。❶ 疫情发生以来，国务院及各部委、地方发布了一系列刺激经济发展、稳定就业的政策和举措。这些举措在刺激经济的同时，也包含了优化营商环境的许多内容❷，既是应急办法，也是长远措施。李克强总理指出，要想尽一切办法让中小微企业和个体户生存下来。中小企业对营商环境最敏感，对营商环境改善的需求最迫切，受疫情冲击也最严重。进一步推进营商环境优化，必要前提是保持优化营商环境政策的持续性和稳定性，充分落实既有的营商环境优化举措。目前，全国范围内已有不少省市推出了营商环境

---

❶ 为应对疫情对小微企业的冲击，国家税务总局办公厅、中国银行保险监督管理委员会办公厅发布了《关于发挥"银税互动"作用助力小微企业复工复产的通知》，要求各省税务机关加强与银保监部门和银行业金融机构的协作，及时梳理受疫情影响较大的批发零售、住宿餐饮、物流运输、文化旅游等行业的小微企业名单，按照国家社会信用体系建设要求依法推送相关企业名称、注册地址、经营地址、联系方式、法定代表人、纳税信用评价结果信息；在依法合规、企业授权的前提下，可向银行业金融机构提供企业纳税信息。各地税务、银保监部门充分利用"银税互动"联席会议机制和"百行进万企"等平台，帮助银行业金融机构主动对接企业需求、精准提供金融服务。根据小微企业贷款需求急、金额小、周转快的特点，银行业金融机构要创新"银税互动"信贷产品，及时推出适合小微企业特点的信用信贷产品。税务、银保监部门和银行业金融机构紧密合作，认真落实《国家税务总局 中国银行保险监督管理委员会关于深化和规范"银税互动"工作的通知》，对湖北等受疫情影响严重的地区，银行业金融机构结合自身风险防控要求，可逐步将申请"银税互动"贷款的企业范围扩大至纳税信用C级企业；纳入各省税务机关纳税信用评价试点的个体工商户可参照实行。

❷ 面对疫情，许多地方仍不忘营商环境的优化工作，例如，2020年5月发布的《山东省人民政府关于持续深入优化营商环境的实施意见》中包含了与疫情相呼应的内容：进口企业受疫情影响缴纳税款确有困难的，可以申请延期缴纳（最长3个月）。对大宗资源型商品、食品、农产品进口企业关税保证保险保费给予不超过30%的补贴。2020年6月底前，免收进出口货物港口建设费，货物港务费、港口设施保安费等政府定价收费标准降低20%，取消非油轮货船强制应急响应服务及收费，减半收取铁路保价、集装箱延期使用、货车滞留等费用。拓展中国（山东）国际贸易"单一窗口"服务功能，方便企业快速办理跨境结算、贸易融资、关税保证保险、出口信用保险等业务。

地方立法和政策。❶ 武汉市以《武汉市人民政府关于进一步优化营商环境的意见》作为优化营商环境的纲领，但未能上升到立法高度。武汉市应当尽早出台《武汉市优化营商环境条例》，使政策保障及时上升为法治保障。通过法治手段防止营商环境出现倒退，坚决避免优化营商环境措施的曲解、滥用和规避，防范优化营商环境中的形式主义问题，提高市场主体对于优化营商环境的参与度和知晓度。提升中小企业的获得感是提振中小企业发展信心，降低中小企业发展负担的重要内容。❷ 现有的税收减免、社保延缓、稳岗补贴等举措对此有一定积极作用，但是相较于面临疫情的重大损失而言还存在不足。武汉市有必要积极对接现有优惠政策，提升优惠政策的实惠力度、执行力度，加大对中小企业的短期纾困支持，避免中小企业的"破产潮"及其

---

❶　如北京市推出《关于加强金融支持文化产业健康发展的若干措施》，其中涉及新型担保问题，提出为深化金融供给侧结构性改革，通过文化金融政策创新，引导撬动社会资本加大文化产业投融资规模，推动金融助力文化产业发展，优化文化企业营商环境，更好服务全国文化中心建设，助力首都经济高质量发展……支持融资担保公司开发中小企业集合债券、集合信托、短期融资券、票据业务等新型担保产品和服务，更好发挥增信服务作用。

❷　部分地方开展了有针对性的小微企业金融政策，例如四川省财政厅、中国人民银行成都分行、四川省经济和信息化厅、四川省人力资源和社会保障厅、四川省农业农村厅、四川省商务厅、四川省市场监督管理局、四川省地方金融监督管理局制定了《关于印发〈小微企业"战疫贷"实施方案〉的通知》，其中要求按照"精准助力、增量减价、多方分险、共克时艰"的工作原则，以财政的补助和分险政策、人民银行再贷款资金支持和相关主管部门的组织推动为支撑，同时积极争取开发银行等政策性银行转贷款资金，通过各地方法人银行"独立审贷、专业运营"及政府性融资担保机构优质低廉担保服务，明确债权债务关系，将贷款精准投向需要重点支持的小微企业和新型农业经营主体，通过"几家抬"引导加大对小微企业的贷款支持，实现小微企业快速获得贷款和融资成本的大幅下降。其中要求如下。（1）单户企业获得优惠利率贷款不超过 3000 万元，其中运用支小再贷款专用额度发放的贷款单户不超过 1000 万元。（2）运用人民银行再贷款资金发放的贷款期限原则上控制在 1 年以内，运用转贷款资金发放的贷款最长不超过 2 年。（3）承贷地方法人银行发放的"战疫贷"利率最高不得超过贷款发放时最近一次公布的 1 年期 LPR+50BP，财政贴息后小微企业实际承担的贷款利率不超过 4%，较 2019 年全省中小企业平均贷款利率降低 2 个百分点以上。政府性融担机构等参与"战疫贷"的收费水平原则上不超过 1%，较 2019 年全省中小企业融资担保业务平均收费水平降低 1 个百分点。

就业人员的"失业潮"。

新型担保有助于激发市场主体的活力，提升中小企业的资信。疫情防控常态化背景下，大量刺激经济的政策能否直达中小企业，为中小企业所知悉、所利用仍然值得怀疑。而如果借此机会，推出必要的新型担保鼓励和支持手段，则有助于进一步提升政策的准确性。总体而言，传统企业可能对新型担保的利用度不如新业态、中小企业那样高。新型担保金额小、措施灵活的特点可以助力中小企业与财政政策形成共振，提升中小企业渡过难关的能力。

第六章　完善新型担保法律规制

深入分析新型担保法律规则，结合我国当前业已存在的对于新型担保的实务认定，本研究认为应当利用司法解释的方式，对新型担保裁判规则作出进一步的明确。首先，部分新型质权担保本身具备应收账款的属性，运行模式也与应收账款质押极为相似，可以考虑并入应收账款质押处理；其次，对于存货动态质押这类具备较大社会价值，放开也不至于危害正常社会经济秩序的质押方式，可考虑结合物权法的规定进行创造性的解释；再次，对于新型债权担保中面临的若干问题，也可以进行整体化的依据指引；最后，对于出租车经营权质押这种有害于营商环境的质押类型，则应当及时予以制止。

第一节　完善新型担保制度的主要路径

担保制度是关乎全社会经济发展的基础性民事制度，担保制度的发展和完善不能一蹴而就，它的演进需要对担保制度进行创新设计，需要担保法治运行的各个环节予以协调。把现实中不断出现的各种制度性问题一概地归咎于法律制度的不完善，是"法律万能论"的错误表现。对于日新月异的社会经济生活，法律与实践的契合总是保持一定的距离；同时，法律的概括性表述需要我们不断对其进行合理解释。与此相反，一旦法律的某些规定不合时宜，就立即呼吁修法，而不考虑法律的解释空间，这将造成法律的不稳定和混乱，不利于商事规则的稳定性和确定性。因此，从完善新型担保制度的路径来看，在守法层面、执法层面、司法层面均有一定的发挥空间。

一、商事主体对法律法规的创新应用

从守法层面来看，商事主体可以在法律允许的范围内创新利用法律法规所设置的规则。在民事领域，守法不仅意味着对法律法规的遵守，也代表着对法规的创造性利用——不仅遵守法律，更善加利用法律。商事主体对法律法规的创新应用既是法律法规革新的源头之一，也是直接优化法律法规实施效果的方式之一。我国《民法典》第 10 条规定，处理民事纠纷，应当依照法律；法律没有规定的，可以适用习惯，但是不得违背公序良俗。商事主体对于规则的利用和实践有可能形成民事习惯，进而产生对法律的补充效果。而从法律原则来看，公平原则、公序良俗原则等，均需要以社会客观现实中存在的情况来填充和解释。由此看来，对于快速发展的担保实践，鼓励商事主体对法律法规的创新应用具有重要意义。

担保制度作为一个商事色彩浓厚的制度，商事主体本身的创新是其发展的直接动力之一。商事主体对法律法规的创新应用有助于在法律法规滞后或者不周延的情况下，赋予原有规定以新的内涵。本书所探讨的新型担保问题也不例外，从源头上看，具体的新型担保方式源于商事主体的创造，而非法律法规的直接规定。

二、行政机关对法律法规的创新执行

担保领域许多民事行为的完成离不开行政机关的特殊地位。我国《民法典》第 208 条规定，不动产物权的设立、变更、转让和消灭，应当依照法律规定登记。第 210 条规定，不动产登记由不动产所在地的登记机构办理。国家对不动产实行统一登记制度。统一登记的范围、登记机构和登记办法，由法律、行政法规规定。不动产登记机关作为行政机关，如何创新登记的执行机制，对于优化营商环境、缓解法律法规的滞后性具有重要意义。

在符合法律规定的范围内，登记机关对财产登记手续严格程度、便利程度以及对登记内容的公示力度对于维护交易安全、促进担保制度价值的发挥均具有重要意义。简言之，在登记手续烦琐、登记程序复杂的情况下，可能有助于保障较大价值财产的担保可靠性，但也会同时导致大量小额的担保登记不易实现，进而无法被担保制度所容纳；而在登记手续高度便捷的情况下，可能对担保财产的审查力度会有所折扣，交易相对人不得不在登记信息之外，加大自行核实力度，但是对于小标的额的担保行为将更加友好。在科技条件一定的情况下，追求登记的可靠性与登记的便捷性存在一定矛盾。

值得关注的是，我国《民法典》虽然对不动产、特殊动产以及权利的担保登记问题作了较为细致的规定，但是对于哪个机关是登记机关、登记的流程和方式等，没有作出明确规定，这也为行政机关创新服务方式，适应新的担保形态留足了空间。

三、司法机关对法律法规的创新解释

在我国，司法机关对于法律的理解和适用具有较大的解释权，就创新路径而言，主要有两种创新途径——司法解释与司法裁判。前者较易于理解，司法解释虽然名为"解释"，但在很大程度上实际已经超过了解释的范畴，在不少领域已经具有比较鲜明的立法特点。一般来看，解释需要一个明确的解释对象，即某法第几条需要作出如何理解。然而在司法解释中，除少数条款外，司法解释条文的表述模式为"假定—处理"结构，与法律无明显区别。从这个意义上看，我国司法解释更多地作为一种对法律的细化规定，而非简单的解释。在少数领域，甚至存在司法解释与立法相矛盾的扩大解释、类推解释现象，这些现象是否合理见仁见智。但在民事领域，只要不违反法律的规则和原则，在立法的空白领域进行类推解释是合理的，也是值得鼓励的，它有助于在无明确法律规定的情况下填补法律空白。司法裁判一般是针对法律上的纠纷，以当事人起诉为前提，按照一定的诉讼程序来解决纠纷，通过法律的适用，宣示裁判具体纠纷。司法裁判是一个专业性、严密性和封闭性的过程。在司法裁判中，法院作出裁决离不开对法律的说明和解释，这些说明和解释原则上只能适用于本案，但随着裁判文书公开制度的建立和完善，优秀判决的影响力逐步扩大，使得跨区域跨级别的裁判理由借鉴现象愈发普遍。虽然我国作为成文法国家，不承认判例具有法律渊源的地位，但是上级法院作出的判决或者其他法院作出的极具说服力的判决在事实上将必然影响其他法院的裁判理由，进而达到创新法律解释的效果。

在前文中可以发现，许多具体的新型担保类型，若按照法律的最小化解释，本不应当具有物权效力，但法院通过对法律的合理扩大解释，使得当事人设立担保的效果得以实现，同时又不至于危害社会公共利益。这便是实践中司法机关对法律法规的创新解释的明证。随着我国越来越重视案例建设，司法机关对法律法规的创新解释将发挥越来越大的作用。

第二节　部分新型质权担保与应收账款质押合并处理

当前实践中对于应收账款的纠纷解决模式已经相对成熟，而许多新型担保在实现路径上与应收账款质押存在高度相似性，因此可以考虑将这类直接具备应收账款属性的新型担保并入应收账款质押处理，其中包含理财产品质押、收费权质押、保单质押和金钱质押。

理财产品质押可以纳入应收账款质押的范畴。《中国人民银行应收账款质押登记办法》（中国人民银行令〔2019〕第4号）第2条第2款规定：

本办法所称的应收账款包括下列权利：（一）销售、出租产生的债权，包括销售货物，供应水、电、气、暖，知识产权的许可使用，出租动产或不动产等；（二）提供医疗、教育、旅游等服务或劳务产生的债权；（三）能源、交通运输、水利、环境保护、市政工程等基础设施和公用事业项目收益权；（四）提供贷款或其他信用活动产生的债权；（五）其他以合同为基础的具有金钱给付内容的债权。

该条第（四）项明确规定了"其他信用活动产生的债权"属于应收账款。质押的理财产品为委托理财期满后依约能够取回全部本金及一定的收益，也即根据其与银行签订的理财合同享有相应的债权。这一债权属于其他信用产生的债权，因而属于《民法典》第440条规定的可以用于质押的权利中的应收账款。同时，《民法典》第445条规定："以应收账款出质的，当事人应当订立书面合同。质权自信贷征信机构办理出质登记时设立。"《中国人民银行应收账款质押登记办法》第 8 条第 1 款规定："应收账款质押登记由质权人办理。"当事人办理出质登记并订立书面合同的才能生效。

收费权质押也可以纳入应收账款质押的范畴。首先，应收账款一般是指对任何售出或租出的货物或对提供的服务收取付款的权利，只要此种权利未由票据或动产契据作为证明，而不论其是否已通过履行义务而获得，其实质是一般债权。在实践中，应收账款是不断发生的，对企业和银行而言，这种不断发生的应收账款恰恰是最有担保价值的。这种将来发生的应收账款，并没有改变其作为一般债权的法律特性，它是一种商业性质的债权，不属于法律禁止的不得让与之债权，具有可转让性；其转让一般无损债务人的利益，且不违反我国现行的法律规定，故应收账款应当包括将来发生的应收账款。《中国人民银行应收账款质押登记办法》第 2 条第 1 款关于"本办法所称应收账款是指权利人因提供一定的货物、服务或设施而获得的要求义务人付款的权利以及依法享有的其他付款请求权，包括现有的和未来的金钱债权，但不包括因票据或其他有价证券而产生的付款请求权，以及法律、行政法规禁止转让的付款请求权"的规定，采取与前述内容一致的理解。收费权正是基于其设施及相关服务而对未来使用该设施或享受服务的债务人享有的收取付款的权利，其实质上是出租设施和提供服务而产生的债权，是一种将来发生的一般债权，符合前述应收账款的定义、特征及范围，故收费权属于应收账款。

保单质押与前述两种质押存在一定的区别，但如果纳入应收账款质押的范畴，有利于解决登记机关和公示方式可能存在的问题，使其公示管理更加彻底，消灭其法理意义上的瑕疵。

金钱质押也适合纳入应收账款处理，但鉴于目前已有相关配套规定，能够适应实践中的需要，暂不考虑。

第三节　创新解释存货动态质押

出质人所有的存货，在实践中可能具备种类物的性质，我们不能粗暴地、死板地将出库的动产视为丧失占有，而拒绝承认新放入的动产的占有事实。存货动态质押虽然质押物处于流动之中，但是在特定的时间节点上是完全确定的，不会存在质物占有关系不清或者产权不明的情况。因此，尽管存货动态质押的实现形式和普通动产物权质押存在一定的区别，但是完全能够纳入普通动产质押之中。存货动态质押的合法性问题其实是对于占有与交付的理解与解释问题。

质押合同生效的必要条件是提供质押的货物须移交对方占有。在进行认定时，不能简单以质物存放地点来确定交付，在提供的仓库质押成品必须保障其价值低于特定价值时，出质人将不允许提货并需追加补足，即对低于特定价值的产品并没有处分权，故质权人履行监管义务时，即应视为交付。至于仓库有无门锁，监管人能否有效占有控制的情况属于三方在履行合同过程中需解决的问题，并不影响质押合同的成立、生效。关于存货动态质押的法律性质，浮动质押是指质押人与质押权人约定，在质押设定后，质押人可以随时处分所质押的部分质物，但需要用其他价值相当的质物予以补足代替，只要质物的总价值始终不低于约定的金额即可，而不苛求质物的具体形态。对于大宗金额的借款，涉及的质物数量多、体积大，对存放地点要求较高，且须方便出质人使用、补足，在监管措施合理的情形下，尽可能利用出质人的仓库，这样既可解决上述困惑，又有利于降低成本，方便生产。虽然现行的法律制度尚无明确规定，但从目前倡导的拓宽融资渠道、降低融资成本而服务于实体经济的产业政策出发，应当对这种质押方式予以认定，具有优先受偿权。

第四节　整体化指引新型担保形态

针对实践中存在的问题，可以对新型担保面临的法律上的争议进行整体化的依据指引。

一、正向指引

着力解决新型担保物权公示问题、新型债权担保的效力问题和国内独立

保函以外的独立保证的可行性问题。❶

《民法典》第 425 条规定，"为担保债务的履行，债务人或者第三人将其动产出质给债权人占有的，债务人不履行到期债务或者发生当事人约定的实现质权的情形，债权人有权就该动产优先受偿"。这一点确立了质权的基本运行规则。"法律、行政法规禁止转让的动产不得出质"确立了质权得以确立的范围。"质权自出质人交付质押财产时设立"规定了质权产生的时间和公示的形式。而在允许设立权利质权方面，民法典规定了汇票、支票、本票、债券、存款单、仓单、提单、可以转让的基金份额、股权、可以转让的注册商标专用权、专利权、著作权等知识产权中的财产权、应收账款，及法律、行政法规规定可以出质的其他财产权利可以作为权利质权的客体。而在权利质权的公示方面，以汇票、支票、本票、债券、存款单、仓单、提单出质的，当事人应当订立书面合同，权利质权自权利凭证交付质权人时设立；没有权利凭证的，质权自有关部门办理出质登记时设立；以可以转让的基金

---

❶　在这一问题上，部分发达地区的司法机关已经开始行动。例如，《广东省高级人民法院关于为中小微企业融资提供司法保障的通知》中指出：各级法院要按照《广东省关于支持中小微企业融资的若干意见》中关于增强对中小微企业融资服务能力的规定，围绕涉中小微企业融资担保行为的效力问题，加大对新类型融资担保行为引发纠纷案件的调研指导工作，引导和规范融资担保服务方式的多元化发展。对于中小微企业融资担保业务实践中出现的股权质押、仓单质押、知识产权质押等担保方式，各级法院要在认真审查担保行为法律构成要件的基础上，依法确认其担保行为效力，大力促进传统融资担保方式发挥更大的融资担保功能。对于实践中出现的以应收账款质押、以企业生产订单做担保，以机器设备、厂房、商铺等转租权、继租权用作质押，以农村集体经济组织中村民分红权作质押等非典型的融资担保方式，各级法院要从畅通和创新中小微企业融资担保渠道的目标出发，在审查用以质押的权利具有可让与性、具有交换价值的条件下，依法确认其法律效力，不宜简单否定融资担保方式的创新，鼓励、引导和规范非典型融资担保方式的发展壮大。要按照国家七部委联合下发的《融资担保性公司管理暂行办法》的规定，研究确认融资性担保公司在融资担保、诉讼保全担保领域的法律效力，对于融资性担保公司收取费率标准以不超过银行同期贷款利率四倍为宜。对于实践中出现的关联中小微企业联保、个人联保、独立保函、行业协会联保、商会联保等新型信用担保方式，应加强调研指导，在充分论证其法律效力的基础上予以确认推广。探索试行在中小微企业涉财务风险纠纷案件进入执行程序后引入执行担保机制，由第三方为涉诉中小微企业提供担保，同时解除执行强制措施，维系企业正常生产经营，助推企业走出暂时性融资困境。

份额、股权出质的，当事人应当订立书面合同，以可以转让的基金份额、证券登记结算机构登记的股权出质的，质权自证券登记结算机构办理出质登记时设立；以其他股权出质的，质权自工商行政管理部门办理出质登记时设立；以可以转让的注册商标专用权、专利权、著作权等知识产权中的财产权出质的，当事人应当订立书面合同，质权自有关主管部门办理出质登记时设立。以应收账款出质的，当事人应当订立书面合同，质权自信贷征信机构办理出质登记时设立。因此，法定的公示过程为权利凭证交付或者相关部门办理登记。相关部门包括证券登记结算机构、工商行政管理部门、知识产权主管部门、信贷征信机构这四种法定权利质权登记管理机构。

就租赁权质押而言，实际上能够对租赁权起到管理、控制的第三方是该租赁标的物的所有人或者管理人，又由于租赁权缺乏实体凭证，一般而言，只有租赁合同能够证明租赁权的存在，而该合同本身并不适合交付移转，并且合同一般存在多份，控制一份合同不足以控制租赁权本身。因此租赁权的公示以管理者登记为宜。管理者虽然不是法定的物权登记机关，但是它一方面能够使外部得以知悉租赁权的实际情况，另一方面，管理者的存在具有第三方代为控制的效果，可以在需要实现质权时，及时转移租赁权。因此，这种形态虽然名义上为登记公示，实际上也有转移占有的效果，是登记方式与交付方式的统一。理财产品质押的公示过程存在一定争议。有研究者主张办理特定理财产品的银行应当成为质押登记机关，但首先银行本身不是机关，也不能实现对理财产品账户的管理控制，况且在实践中大量存在的理财产品贷款中，银行既是登记机关，往往同时也是权利人，这种二重身份将导致对出质人的巨大优势，不利于双方权利义务的对等，容易引发难以预料的矛盾与纠纷。因为理财产品可以纳入应收账款来理解，因此，以人民银行征信登记机构作为理财产品质押的登记机关可能是更为合理的选择。收费权质押与理财产品质押的登记机关思路类似，也应当作为应收账款处理，由人民银行征信登记机构作为质押登记机关。至于排污权的公示过程，目前排污权交易仍然处于试点之中，尚未在全国铺开。若排污权交易形成一定的市场机制，必然会出现相应的排污权集中交易机构。届时该机构能起到类似股权交易中心的作用，其最适合成为排污权质押的登记机构。

而对于新型债权担保而言，面临的争议并没有那么大，只要进行严格的物权—债权区分即可，充分认可当事人利用合同设立的具有担保性质的条款。对于没有经过公示的担保行为，不能赋予其以优先受偿权。例如，对于未经登记的让与担保，原则上应当按照普通的买卖合同处理，但是对于已经进行了预告登记的不动产，则应当认可其效力。

关于独立保函以外的独立担保，在 2016 年 12 月 1 日生效的我国最高人民法院颁布的《关于审理独立保函纠纷案件若干问题的规定》中以国内法的形式确立了"独立担保"的详细的规则，此种"独立担保"不是学界通用的"独立担保"，而是银行实务中的"独立保函"。独立担保的核心功能是替代押金与保证，是一种与"保证"并列的"人的担保"。现阶段，独立保函开立人仅限于银行与非银行金融机构，独立担保的广泛适用性需要我国社会信用环境的整体提升和进一步开放。现行法律留下了足够的空间。

二、反向禁止

（1）谨慎处理民间借贷与新型担保的关系问题。民间借贷对于营商环境的影响有其积极的一面，也有其消极的一面。❶ 而积极与消极的决定性因素在于利率约定是否合法，法律许可范围内的民间借贷可以为市场主体注入资金，提高其经营能力；但过高的利率则严重侵蚀市场主体的利润，不利于其

---

❶ 与此相呼应，《最高人民法院关于依法审理和执行民事商事案件保障民间投资健康发展的通知》中指出，依法审理涉及非公有制经济主体的金融借款、融资租赁、民间借贷等案件，依法支持非公有制经济主体多渠道融资。根据物权法定原则的最新发展，正确认定新型担保合同的法律效力，助力提升非公有制经济主体的融资担保能力。正确理解和适用《最高人民法院关于审理民间借贷案件适用法律若干问题的规定》，在统一规范的金融体制改革范围内，依法保护民间金融创新，促进民间资本的市场化有序流动，缓解中小微企业融资困难的问题。严格执行借贷利率的司法保护标准，对商业银行、典当公司、小额贷款公司等以利息以外的不合理收费变相收取的高息不予支持。要区分正常的借贷行为与利用借贷资金从事违法犯罪的行为，既要依法打击和处理非法集资犯罪，又要保护合法的借贷行为，依法维护合同当事人的合法权益。在案件审理过程中，发现有高利率导致的洗钱、暴力追债、恶意追债等犯罪嫌疑的，要及时将相关材料移交公安机关，推动形成合法有序的民间借贷市场。

长久发展。因此，对于以民间借贷为基础的新型担保应当审慎决断。以让与担保为例，实践中对于以民间借贷为基础的让与担保，多半持否认态度，而恰好以民间借贷为基础的让与担保是最为常见的让与担保类型。江苏省高级人民法院认为，对于能够认定当事人签订商品房买卖合同系为民间借贷担保的，按照《最高人民法院关于审理民间借贷案件适用法律若干问题的规定》第 23 条的规定，应按照民间借贷法律关系审理，不认可让与担保的效力。具体表现为认定买卖双方签订买卖合同的真实目的是给民间借贷合同提供担保，而非真正实现买卖合同的目标，但该不动产担保行为未到（也不可能）相关部门办理抵押登记，因此，该担保行为未产生担保物权之效，但担保行为所形成的是让与担保法律关系。如果债务人不履行本判决确定的金钱债务，债权人可以依据本判决，申请强制执行买卖合同的标的物。让与担保仅为债权担保方式，不得对抗善意第三人，但具有商品交易性质的让与担保，则应当承认其合法性，再根据实际情况认定其优先性。

（2）依法认定特许性权利的质押合法问题。在实践中，质押人以政府批准的客运出租汽车经营权作为权利质押标的，为自己或其他债务人融资，向债权人提供的一种担保。当债务人在债务履行期限届满未按约履行债务时，债权人（质权人）有权以该经营权转让所变现的价值优先受偿。然而客运出租汽车经营权能否作为质押标的，这种融资方式是否合法合规，是否应进一步推广，值得深入探讨。目前法律和行政法规并没有规定客运出租汽车经营权可以出质。因此，客运出租汽车经营权并不能作为质押标的进行出质。政府不应将法律赋予的行政许可权利财产化，任何单位或个人基于行政许可获得的权利，也不宜作为自有财产转让。与普通经营权不同，在交通运输行政管理部门登记的客运出租汽车经营权实质上属于一种行政许可，并不具有交换价值。《行政许可法》第 9 条规定："依法取得的行政许可，除法律、法规规定依照法定条件和程序可以转让的外，不得转让。"由此，笔者认为出租车经营权质押从本研究而言并不合法。

（3）从营商环境优化的角度来看。出租车经营权质押体现了其背后的垄断性，出租车运营日益受到网约车的严重冲击，行政特许的背后应当是对于社会公共利益的考量与保障，而不能任意地增设政府特许经营项目。特许经营权体现了行政权力对市场配置资源的修正。这种修正应当是谨慎的和必要的。特许经营权质押反映了其本身出现了财产化的迹象，从而背离了设立该特许事项的初衷。特许经营权的财产属性难以衡量，也不适宜以质押的方式任意流转。由此，应当禁止包括出租车经营权在内的特许经营权的质押活动。

第七章 新时代的商事担保展望

推动担保领域的法治革新，从短期来看，应当实现第五章所提出的主张；从中期来看，可在现行法律体系下，优化现有的担保权利体系；从长期看来，亟须通过立法的方式，设立统一化的担保权体系，实现统一担保登记。通过在新的历史起点上重新梳理担保的基础制度——占有制度来展望新时代的商事担保构建。

第一节 新时代"占有"的公示方式

一、"占有"的再梳理

经济基础决定上层建筑，法律制度的设置必须服务于经济社会发展的实际需要。在新技术广泛涌现、不断渗透到经济社会方方面面的今天，我们应当以一种更加开放的心态和观念来对待法律概念与法律规则。要解决新型担保的问题，就必须重新审视"占有"。

占有既是一种法律概念，又是生活中易于被观测到的一种客观事实。当然，"占有"这一客观事实在观测上具有不准确性。在某些情形下，法律意义的"占有"与社会普遍观念中的"占有"存在较大区别。在刑法中，多次反复出现了"非法占有"这一概念，遗憾的是，合法占有的问题我们都没有界定清楚，"非法占有"就已经成为刑法中许多罪名最为基础的构成要件之一。学界通说认为，民法意义上的占有是一种"对物的事实上的管领力"。对于这一概念，可以将其细分为三个主要条件。

（1）占有的对象是物。不动产或者动产被占有人占有的，权利人可以请求返还原物及其孳息，但应当支付善意占有人因维护该不动产或者动产支出的必要费用。据此可推知占有的对象仅限于动产和不动产。

（2）占有是一种事实。这意味着占有不是一种法律上的拟制，也不是一种观念上的东西或者某种意思，而是客观存在的事实。这进一步表明占有虽然被规定在物权编中，但是占有的发生不依赖法律，而是直接基于行为而发生。

（3）占有的内核是管领力，或者说是一种控制力。这说明占有能够在一定程度上排除其他主体的控制和干预；占有应当是一种对物的有效的、积极的控制。若丧失了对物的控制，占有也随即解除或者转移。

上述这种解释方式对于数据时代之前的物具有强大的解释力，基本能够实现法律规定与社会观念的统一。但是，随着经济社会的进一步发展，许多新的问题浮出水面，虽然在前述界定的基础上，研究者们进行了卓有成效的解释。但是这些解释本身并不完美，现实的占有概念越来越超越占有原本的含义。

法人制度、代理制度等对"占有"的界定产生了巨大冲击。法人作为法律拟制的人，能不能依法占有物？以现行制度来看，法人必须被允许占有物，否则，法人的权利将难以保障，法人或将难以介入经济活动。但是法人的拟制性和占有的事实性之间存在的矛盾是根本性的冲突，承认法人的占有，也就必须化解或调和这一冲突。为此，"直接占有""间接占有"的划分应运而生，为了使没有直接占有或者事实上没有占有能力的主体得以在法律上占有物，我们将这些主体的占有定性为"间接占有"，间接占有人通过直接占有人的占有来实现占有。这一规定看似巧妙地解决了占有的冲突问题，实际上则是违背了占有制度的根本。"间接占有"对于物实际上已经丧失了直接管领力，"间接占有"实际上是通过法律关系的安排而控制了物，而不是基于事实来控制物。这些安排使得占有关系变得高度复杂化。法律之所以要设立占有制度，出发点是统一占有的事实性与所有权的法定性，便于提升交易效率——所有权作为法律所界定的主体对物的最高、最根本的权利，其确认成本是需要由交易对象来承担的。占有制度以其直观性，使交易相对人能够以最低的成本观测到一个相对可靠的权利外观。破坏了占有制度的直观性，也就破坏了占有制度的设立初衷，若法律占有和事实控制再度分离，会使得交易相对人难以获得准确的权利外观，转而要求事实控制人以其他方式证明其对物的权利。

虚拟物的迅速增加为物的占有提出了新的挑战。在传统民法视域下，物一般被视为有形物，不仅包含特定化的动产、不动产等实在的物，也包含高度非特定化，实行"占有即所有"的货币。虚拟物品进入法律视野是网络时代的产物。早些时候，虚拟物的"占有"主要依赖非实名化、半实名化的账号密码机制来保护虚拟财产。在这一情形下，主体与客体的关系呈现出"真实身份"—"虚拟身份"—"财产"的三层结构，民事主体对于虚拟财产的利用是通过将自身"代入"虚拟身份而实现的，这个"代入"过程本身也是特定的网络服务提供者（甚至多个网络服务提供者）以信息网络协议确认的过程。从"真实身份"到"虚拟身份"的对应可能不是唯一的，有可能是一对多，也可能是多对一。从这个意义上而言，既可以将网络身份与该身份所占有的财产视为一个虚拟财产的整体（类比股权），也可以将虚拟财产独立理解为虚拟身份所占有的财产。在这种情况下，物和权利，甚至物、权利和身份之间的界限被大大模糊了。对于虚拟物的占有很难继续按照物权法意义上的占有来执行。

二、"占有"的权利外观

有必要回归本源，避免为所有权的外观再构建占有的外观，从降低交易成本着手，重新包装所有权。所有权越容易被验证，就越有利于促进民事商事活动。占有制度应该是一个极简主义的制度，应当从交易相对人的实际需求出发，"控制"即"占有"，"占有"即"控制"。如果我们将"占有"与"登记"并称为权利外观的构建机制，那么从未来的发展看，权利外观的构建机制应以保障权利顺畅运行为最高要求，其中最关键的是尽可能地降低构建成本：既包括权利人的成本，也包括交易相对方和社会所承担的成本。

（一）权利人的外观构建成本

权利人的外观构建成本就是权利人向社会表明其享有合法所有权的成

本，既包含自身具备合法性的成本（以下简称"成本一"），也包含排除他人展现出相同权利外观的成本（以下简称"成本二"）。若以占有作为权利人的外观构建方式，成本一较为低廉，只需要让交易相对人感知到权利人对物的控制即可，执行方式主要是展示、交付等。而在非正常情况下，特别是对于虚拟的物和权利而言，成本二则相对较高。若以登记作为权利人的外观构建方式，则在现有条件下，成本一明显高于占有方式，而成本二则明显低于占有方式。

（二）交易相对方的外观构建成本

交易相对方对于外观构建的合理期待是外观与实际权利一致，二者一致时，交易相对方能够顺利完成交易；二者不一致时，交易相对方就存在较大的商业风险。对于采取占有方式构建的外观，交易向对方的验证成本低但是潜在风险大；对于采取登记方式构建的外观，则验证成本高，但是潜在风险较低。

（三）社会的外观构建成本

在外观构建中，政府登记部门或社会性登记组织代表社会承担了外观构建的部分成本，当然，这些成本会以"登记服务""查询服务"的形式被转嫁至交易双方。占有作为外观构建方式时，无社会成本；登记作为外观构建方式时才会产生成本。

综上，占有和登记方式在外观构建中各有优势，占有的优势是简单易行、成本低廉，但潜在风险大；登记方式不易冲突、结果可靠，但使用成本高。这解释了当前普通动产、特殊动产、不动产采取不同物权变动的生效条件和对抗条件的经济原因。在商业和法律的交汇点构建权利外观，就是要在社会的有限交易成本之下，尽可能地保障交易的安全性。

三、"占有"的时代变量

物权的公示方式与所有权的权利外观正在面临深刻的时代变革，显然，传统的占有、登记相结合的模式将会面临越来越多的难题和越来越低的解释力。我们认为数字经济的蓬勃发展、数字货币的发行和使用、虚拟资产的扩张和商事活动的全面网络化将会使传统的物权公示制度彻底解构。

（一）数字经济的蓬勃发展

党的十九大报告首次使用"数字经济"这个关键词。目前，对于数字经济的内涵仍没有统一的界定，笔者认为，数字经济包含以下要素：首先，数字经济高度依赖互联网，以网络为核心，离开互联网，则数字经济难以实现；其次，数字经济的发展本身与传统经济形态并不矛盾，现阶段的数字经济常常表现为以互联网技术改造和升级传统行业，促进传统行业的专业化，提升不同主体间的专业分工水平；从供给端来看，数字经济对社会发展的推动力源于对沟通成本的大幅度降低和对人力成本的大幅度降低（相比之下，第一次、第二次工业革命表现为能源成本的大幅度降低）；从需求端来看，数字经济的发展使得许多行业的"长尾效应"得以显现，高度分散化的小众需求聚集起来，加快了不同行业、不同产品的进一步细分。数字经济的发展使知识产权、数据、虚拟财产等无形资产的价值被进一步放大，传统行业的成本进一步下降，精神消费、文化消费的占比在长远看来将得到极大的提升。这一趋势对知识产权、数据、虚拟财产等无形资产的保障水平提出更高的要求，同时也对交易的效率、合法性验证的方式提出更高的要求。

（二）数字货币的发行和利用

比特币是当前全球范围内使用范围最广、最成功的数字货币之一。与其他的货币不同，比特币不依靠特定货币机构发行，它依据特定算法，通过大量的计算产生，比特币经济使用整个网络中众多节点构成的分布式数据库来确认并记录所有的交易行为，并使用密码学的设计来确保货币流通各个环节的安全性。比特币机制的去中心化特性与算法本身可以确保无法通过大量制造比特币来人为操控币值。基于密码学的设计可以使比特币只能被真实的拥有者转移或支付。这同样确保了货币所有权与流通交易的匿名性。比特币不以国家主权作为背书，而是依靠自身的稀缺性来保障价值，因此，许多研究者不认为比特币是货币，但是，比特币背后所体现出的区块链❶、分布式计算等方式开拓出了一条前所未有的货币存在方式。与当前广泛使用的支付宝、微信等第三方支付工具不同，比特币的实体是以数据形式存在的，广泛分布于不同的计算节点之中，是纯粹意义上的数字货币，具有自我维持性。而支付宝、微信等第三方支付工具实际上仍以人民币作为基础，虽然二者都没有采用纸币形式，但是第三方支付工具仍依赖于传统的货币体系。

我国官方层面较早涉及发行数字货币的具体观点源自中国人民银行副行长范一飞撰文《关于央行数字货币的几点考虑》，他提出在中国以数字货币替代流通中现金（M0）。他认为，"相比之下，现有纸钞和硬币的发行、印制、回笼和贮藏等环节成本较高，流通体系层级多，且携带不便、易被伪造、匿名不可控，存在被用于洗钱等违法犯罪活动的风险，实现数字化的必要性与日俱增。另外，非现金支付工具，如传统的银行卡和互联网支付等，都基于账户紧耦合模式，无法完全满足公众对易用和匿名支付服务的需求，不可能完全取代M0，特别是在账户服务和通信网络覆盖不佳的地区，民众对现钞的依赖程度仍然很高。央行数字货币保持了现钞的属性和主要特征，满足了便携和匿名的需求，将是替代现钞的最好工具"。❷

货币的数字化将打通数字经济的"最后一公里"，与数字印章、数字合同一起，共同组成数字经济时代下半场的基础性条件。

（三）商业活动的全面网络化

商品房买卖合同网签系统是最先进入一般公众视野的大规模在线电子合

---

❶　我国目前对于区块链已有官方界定，《区块链信息服务管理规定》中规定，本规定所称区块链信息服务，是指基于区块链技术或者系统，通过互联网站、应用程序等形式，向社会公众提供信息服务。区块链信息服务提供者应当落实信息内容安全管理责任，建立健全用户注册、信息审核、应急处置、安全防护等管理制度。区块链信息服务提供者应当具备与其服务相适应的技术条件，对于法律、行政法规禁止的信息内容，应当具备对其发布、记录、存储、传播的即时和应急处置能力，技术方案应当符合国家相关标准规范。

❷　范一飞：关于央行数字货币的几点考虑［EB/OL］.（2018-01-25）［2021-03-21］. https：//baijiahao. baidu. com/s？id=1590561098365798656 & wfr=spider & for=pc.

同系统。目前，越来越多互联网企业上线了第三方见证下的电子合同签署服务。传统纸质合同签署方式存在易于造假、需要同时签署和反复邮寄等缺点。而电子合同在节能环保的同时，几乎不可能被篡改，且查询方便。由于单个合同模板可以适用于更加广泛的受众，在提高交易安全性的同时，也使得合同内容质量得到了很大的提升。但显然，电子合同只是对传统合同的形式替代，并未动摇传统合同的履行方式。在未来，随着数字货币❶、数字化担保等基础性技术的不断成熟，智能合约❷将在民商事活动中成为主流。将合同的部分履行内容与其他系统对接、关联，使之自动执行，大大降低商业风险，减少追究违约责任所发生的成本。

而传统物权体系所依赖的占有制度，显然可能被时代所淘汰，逐步转化为阻碍合同智能化、自动化的消极因素。

第二节　担保权与大数据应用的协同发展

在交通不便、信息不畅的年代，数据的价值未能得到充分体现。由于交

---

❶　数字货币已经箭在弦上。《中共中央、国务院关于支持深圳建设中国特色社会主义先行示范区的意见》中指出，加快构建现代产业体系。大力发展战略性新兴产业，在未来通信高端器件、高性能医疗器械等领域创建制造业创新中心。开展市场准入和监管体制机制改革试点，建立更具弹性的审慎包容监管制度，积极发展智能经济、健康产业等新产业新业态，打造数字经济创新发展试验区。提高金融服务实体经济能力，研究完善创业板发行上市、再融资和并购重组制度，创造条件推动注册制改革。支持在深圳开展数字货币研究与移动支付等创新应用。促进与港澳金融市场互联互通和金融（基金）产品互认。在推进人民币国际化上先行先试，探索创新跨境金融监管。

❷　部分地区已经开始了对智能合约的鼓励政策，例如湖南省工业和信息化厅编制的《湖南省区块链产业发展三年行动计划（2020—2022年）》中，要求加快核心技术突破。鼓励开展加密算法、共识机制、智能合约、侧链与跨链、区块链数据、网络架构和运行协议等核心技术的研发，大力支持面向国产操作系统和芯片的区块链底层技术研发，支持区块链安全软硬件技术产品的研发、生产和推广应用。加快关键技术集成创新。加快区块链和人工智能、大数据、云计算、物联网、移动互联网、5G等前沿信息技术的深度融合、集成创新，突破应用框架、分布式存储、可信执行环境等关键领域，探索公链、私链和联盟链落地的应用方案，打造面向行业的区块链应用技术体系，加强军民融合区块链技术创新与产业化。

通工具的落后和信息传递手段的落后，信息传输不及时，世界各地距离遥远，这从古代科技发明的传播可以明显看出。数据的本质，是一种对于主体与客体活动与状态的记录，数据的价值在于其表现出来的对人的效用，这种效用随着时代的发展正表现出越来越大的价值。在渔猎时代，信息的重要性非常低，人们关于狩猎、生存的信息和知识基本上只能依靠年长者传授，更多的生产生活工作依靠体力和本能来完成；进入农业时代，人们所产生的信息得以依靠纸张作为记录，信息的记录和传递手段得到了一次飞跃，进而使得书证取代人证，成为核心证据之一；而在工业时代，信息的力量第一次得到真正意义上的发挥，知识产权成为社会生产生活中至关重要的生产要素，随着知识的密集化，原本的证据形态开始具备或多或少的专业属性，对于某些问题的鉴定开始成为证据制度的一环；进入信息时代，信息本身开始成为关键的生产要素，海量的数据积累也造就了大数据时代的到来，对数据的挖掘和利用也变得可行，但是由于近 20 年来电子数据的量的积累尚未达到质变的临界点，在可以预见的将来，电子数据可能会取代书证，成为最广泛的证据类型。

从数据到大数据，这是一次从量变到质变的过程。数据为人类描绘了一个又一个的"点"，这些点充满价值，但又相互孤立，难以产生有效的联动；而大数据的诞生则是要将这些复杂的点串联成线、面，为所有数据的运用赋予能量，让大量的数据不再沉睡。以往的数据只能展现一些事实，进入大数据时代，数据不仅能够展现一些事实，还能够预测一些事实。例如，当前我国天气预报的准确度在不断提高，就是因为历史数据积累和数据精细度达到了质变的程度，配合先进的科技设备，实现了预报能力的大幅度提升。对于数据的挖掘则是大数据的一大突破。以往，人们对数据的认识和利用仍停留在表面，对数据仅进行识别和存储，进入大数据时代，对于数据的挖掘和利用则成为最为关键的内容。

国家层面对大数据的研究和应用也如火如荼，国务院发布《促进大数据发展行动纲要》（国发〔2015〕50 号），以 10 个专栏的形式明确了大数据发展的十大关键领域。国务院指出，"发挥市场在资源配置中的决定性作用，加强顶层设计和统筹协调，大力推动政府信息系统和公共数据互联开放共享，加快政府信息平台整合，消除信息孤岛，推进数据资源向社会开放，增强政府公信力，引导社会发展，服务公众企业；以企业为主体，营造宽松公平环境，加大大数据关键技术研发、产业发展和人才培养力度，着力推进数据汇集和发掘，深化大数据在各行业创新应用，促进大数据产业健康发展；完善法规制度和标准体系，科学规范利用大数据，切实保障数据安全。通过促进大数据发展，加快建设数据强国，释放技术红利、制度红利和创新红利，提升政府治理能力，推动经济转型升级"。这充分表明了国家利用好大数据技术，造福广大人民的决心。

担保同样也不是一成不变的。以往担保是商业主体信用的证明方式，它所遵循的逻辑为：为了保障合同的履行，债务人、担保人为债务人所负债务的实现提供抵押担保、质押担保或者其他特殊担保，或者由担保人为该债务提供保证，承担保证责任。这一过程难以简化，原因在于以下几点。

（1）各方信息不透明。由于债权人、债务人之间互相知晓的情况有限，导致债权人对于债务人能否如期实现债权持怀疑态度，这种对实力的怀疑是商事活动中需要担保的根本原因。设想如果债务人有足够的资产来承担相应的债务，则担保就没有必要了。

（2）法定的担保。例如留置权、船舶优先权、建设工程优先权等，这些权利的设定源于对弱势一方的保护，避免权利的滥用，促使社会整体的最大利益得到保护。

（3）居高不下的维权成本。即使是债务人具有充足的财产用于实现债权，维权成本也是债权人要求设立担保的动机之一。设立担保有助于合理转移维权成本，减少债权人寻找财产线索甚至是面对第三人的讼累，节约债权实现的时间。

（4）客观的商业风险使然。在大数据时代，担保的利用形式和作用范围有可能发生巨大的变化。全社会的不同企业在商事活动中留下的记录得以被包括政府在内的数据分析者进行深度加工、分析和处理，再结合人工智能技术，企业的资信状况、内部管理能力将会越来越直观地呈现在全社会面前。"各方信息不透明"的问题将会得到较大的缓解甚至消除，大多数商事主体之间能够互相知晓对方的真实情况。而随着各行各业普遍的网络化和电子化管理，合同履行中的模糊地带越来越小，证据的可获得性大幅度提高，双方举证的难度大幅度下降，这将致使裁判机构所认定的"法律事实"和"客观事实"之间的分离问题逐步消失。这使得裁判所面临的争议越来越小，法律纠纷的发生率显著降低，裁判者能够更加专注于法律适用而非证据认定。这些情况综合作用，使得未来的维权成本将呈现大幅度下降的趋势。

由上可知，大数据时代采用担保手段的必要性大大降低了，担保制度开始更多地集中在应对不可预知的商业风险方面，其作用面更窄了。

大数据时代下，担保制度将迎来深远的变革。一方面，担保制度的大数据运行可以成为国家了解经济运行状况，合理制定经济政策的重要参照。相比于其他经济数据，担保制度的运行情况可能更有助于反映国民经济的全貌。另一方面，担保制度有望带来更透明、更高效的运行机制，使得社会财富的担保效应得以充分发挥，营商环境得到进一步优化。

第三节　中期目标：优化现有的担保权体系

在市场经济愈加繁荣，社会化大生产逐步渗透的时代，占有与所有的关系日渐模糊，在第三人视野下，以占有推定所有出现了较大的误差，此时占有还能不能代表所有，能不能形成公示的效果，值得专家学者进一步进行深入考察。占有正在逐步丧失作为合理的公示方式的地位。从合理性上看，占有不仅本身越来越难以反映所有关系，即占有与所有的分离越来越普遍，而且由于交付方式，特别是简单交付、占有改定、指示交付、拟制交付的情况越来越多见，当事人之间观测到的占有情况和普通社会第三人能够观测到的情况已经出现了极大的偏差，第三人在许多情况下其实根本无从得知交付的过程与实际占有的情况。从替代性上看，以往认为登记是一种复杂的行政化的过程，登记意味着极高的行为成本，但在信息技术蓬勃发展的今天，在数字层面的财产特定化已经变得十分便捷，而对于特定财产的登记实现自动化、移动化、实时化已经完全没有技术障碍，在构建了自动化登记系统以后，人们无须担心付出额外的成本，这种登记可能本身比占有、交付还要便捷。占有已经失去了作为公示的价值，这也同时意味着质押将从此成为历史名词。中国特色社会主义已经进入新时代，我国在移动互联网领域已经走在世界的前列。我们可以尝试设立中央登记系统，对于任何动产、不动产、权利进行在线自动登记。

一、建立统一担保制度

废除抵押与质押的区别，设立相对统一化的担保权体系，是彻底解决新型担保问题，激活社会各类资产的担保潜力的长久之计。设立统一化的担保权体系将极大地促进我国营商环境的优化，加速实现担保权利的透明化，在为中小企业发展增信的同时，最大限度地降低恶意担保造成的社会风险。在统一化担保权的视野下，我们需要重新理解和认识"占有"，占有应当回归为一种事实状态，而不再与物权变动挂钩。在质押被取消后，质押原本所希望达到的功能完全可以被新的体系所实现。在对特定的质物完成登记以后，双方可以签订转移占有协议，将质物交由质权人保管，此时相比当前的质押，只是多了一道登记工序。

在动产和质权的登记方面，我们应当建立更加高效的统一登记机关，可以在不动产登记部门以外，整合征信机构、市场管理机构等机构与机关的登记职能，设立动产与债权登记中心，负责全国范围内动产与债权的登记事宜。在实现流程上，动产与债权的登记应当更加便利，对于没有法律法规额外规制的普通动产与普通债权，当事人仅需要提供基本事实、基本依据，再由双方一致向登记中心发送即可。绝大部分登记工作应当在网上完成。

从制度上看，不区分抵押与质押和民法典存在一定的抵触之处。一方面，抵押、质押的区分是法定的；另一方面，抵押、质押之生效方式也是法定的。但这并不意味着统一担保不能在执行上与现有制度进行融合。对于抵押、质押的区分，我们可以通过淡化其区分认定来迂回实现，即使《民法典》规定了抵押和质押的区别，我们仍可将抵押、质押的区分"内部化"，即不再交由社会公众来判断，转而交由登记机关来判断；在社会层面推广以标的物区分担保类型，而不是以担保方式区分担保类型。以往的不动产抵押、动产质押、权利质押等术语内部化，对外以不动产担保、权力担保、车辆担保等作为口径。这样一来，即便利了人民群众，化解了一部分现实问题，又避免了与法律的冲突。而在生效方式上，既有的规则有其社会基础，模糊点不在于传统的不动产、特殊动产和权利担保——这些担保形式早已体现出了浓郁的登记主义特点，我们可以将其由复杂改为简单，由线下操作改为线上线下相结合——一般事项以线上为主，重大事项辅之以线下确认。而对于那些新型担保方式，可以探索线上登记制度，逐步转轨。这样一来，既能够解决现存的不少问题，又不至于与法律冲突。

二、建立简便易行的登记、查询机制

统一担保制度的建立既是解决法律困境的需要，也是优化营商环境的需要，为此，在合法的基础上，便利性是最重要的追求。当前，先进技术的不断发展正在逐步瓦解传统"办事方式"的必要性与合理性。线下方式实际上带来的是一种虚幻的安全感。线下办事的过程中，为了保证主体的一致性，主要依靠身份证查验、照片比对、签字确认、密码等方式。这种比对方式除了身份证真实性的确认利用了较新的技术以外，图像、密码、文字比对与之前并无不同。这种方式真的能够确保主体的一致性吗？答案是否定的。相比于已经广泛使用的人脸识别技术、指纹识别技术等生物识别技术，人工线下办理的身份识别准确率难以与其同等。因此，在统一担保体系构建这一问题上，操作上的安全性和便捷性至关重要，这个系统应当以在线确认办理为主，通过区块链验证保证信息的准确性，再以生物识别技术核对主体的身份，最后通过打通公安网数据、地理信息数据等核对不动产的位置、以个人征信情况和交易行为的大数据检验来判断行为的真实性。这样一来，输入性信息的真实性就有了可靠的保障。而在输出性信息方面，则应当使其高度简便易用，这将从根本上解决权利公示不彻底的问题。作为对比，在裁判文书网上线前，商事主体对于交易对手的涉法涉诉情况很难了解，尽管裁判文书已经"依法公开"，随着裁判文书网以及第三方衍生产品的出现，人们已经习惯于在交易前先确认对方的诉讼情况。

三、构建全国一张网的担保信息系统

从成本来看，统一担保系统的部署需要大量的工作，但是相比于它所取代的人力成本，这套系统的成本可谓不值一提。我国可以探索先从互联网经济发达的地区选取试点，开展担保活动的在线办理，待系统成熟后再逐步推向全国。构建全国一张网的担保信息系统，就是要实现全国范围内担保信息的互联互通。我国国内不同地区之间经济往来密切，一个地方不使用本系统，就意味着全国仍然存在两套不同的办法，这也将会产生难以克服的系统兼容问题，而其结果必然是新体系降格为旧体系解决问题，这样会使担保系统的运行效率变得极为低下。率先建立全国统一的担保登记系统有助于我国在法治数字化这一领域实现"后发先至"，通过我国强大的互联网基础设施优势和社会主义法制优势引领担保法的新走向。

在全国性担保信息系统建立后，我国建立统一担保法的时机就已成熟。届时，我国可全面废止抵押与质押的区分、传统担保与新型担保的区分，实现以在线登记作为唯一生效条件的担保生效条件。从过程上看，这一转变不会导致社会承受庞大的学习成本，因为统一担保系统的易用性将早已通过了社会的检验，抵押和质押的区分只有专业人员才需要理解，对于普通商事主体而言，以标的种类区分担保会成为最主要的方式，统一担保法的颁布只是将内外口径彻底统一。从结果上看，担保制度会极大幅度地简化，某些传统担保领域中的复杂规则通过自动化办理的设计，可以避免发生。担保登记管理机关只需要很小规模的技术运维团队和线下服务团队就可以完成全国的担保制度运行管理任务。统一担保制度的完全落实将极大激发社会的担保制度的运行效率，省略了复杂的线下办理过程，电子合同的生效、电子货币的支付与担保信息的登记可以同步完成，法律运行的自动化将前进一大步。

第四节　长期目标：建立自动化集中担保系统

大数据、人工智能、区块链、物联网等新技术的出现，势必为未来的担保法律制度的发展提供源源不断的动力。新科技的出现和应用已经对我国的生活生产方式产生了巨大的影响。经济基础决定上层建筑，尽管法律系统对原有路径的依赖相对较重，但是这场变革传导至担保法领域只是时间问题。或许以下猜测与设计与未来的发展可能存在较大出入，但是以下方式真正立足于如何降低交易成本、如何为中小企业增信、如何优化营商环境，因此，笔者相信这一套体系最终会以各种方式体现在未来的担保法治之中。

一、整合担保系统构建统一平台

集中担保系统的建立离不开一系列基础性条件。显然，以我国当前的法治软硬件水平，迅速确立自动化的集中担保系统并不现实，即使匆忙上阵，也有可能引发法律运行中不必要的混乱。然而随着以下条件的逐步具备，自动化的集中担保系统将展现出自身强大的制度性竞争力。

（一）为统一担保提供法律依据

建设集中担保系统，就是要将各类不同类型的担保统一到一个平台中，从现有的担保类型上看，在对担保的界定上可能有较大的不同。首先，人的保证担保由以协议约定转化为担保系统的统一认定，以保证为基础的担保行为改为登记生效制，保证人在集中担保平台上经过身份确认、电子协议关联、保证条件确认后，整体纳入自动化的合同系统中，从而对于部分保证也将被赋予"优先受偿权"。其次，现有的抵押担保和质押担保不再区分，统称为物的担保，物的担保被划分为大额度担保与小额度担保，大额度担保是指抵押物具有较高的财产价值，由担保平台进行大数据评估后，认定其担保实现需要经过拍卖程序；而小额度担保则逐步允许"流质"，甚至以"流质"为主要变现方式。最后，对于以债为最终形态，经过包装的权利为客体的担保，统称为债权担保，如收费权、应收账款等，债权担保由平台将担保的法律关系与原债权的法律关系进行自动合并，从而加速债权实现，保障债权人的优先受偿权；对于担保客体不确定的担保类型，整合物联网监管系统，实现实时确认。这一系列的制度构想与当前的法治实践存在较大的区别。建设集中担保系统，需要在顶层设计的基础上为新的担保运作模式提供允足的法治支持。

（二）安全稳定的集中担保系统

集中担保平台的稳定运行离不开强大的技术支持。集中担保平台的建设不仅需要新技术的应用，更需要其他同类平台的协同支持。例如，集中担保平台将承接全国范围内海量的交易数据，同时面临潜在的攻击威胁，这就要求集中担保平台能够确保数据安全、交易安全；集中担保平台涉及大量的身份认证工作，这就要求全国范围内的个人网络身份验证能够高效运转和彻底普及，这些验证工作必须实现彻底的自动化，其认证的准确性、及时性需要在当前水平的基础上再上新台阶；集中担保平台涉及大量的自动判断工作，这样的工作需要实现深度的机器学习，交由大型数据计算中心处理，包括如何将担保行为中的要素与其他的系统和平台相关联，防止担保中的欺诈行为等。

（三）整合数据的国家数据平台

单独的一个集中担保系统显然无法运行，这一担保系统需要与在线智能合约系统、统一的线上拍卖系统、稳定可控的数字货币机制等相互配合，才能发挥出其应有的效应。在未来，国家可能会建立包罗万象的国家数据平台，收集、分析和整理全国经济活动中各方面的数据，这些数据对于保障担保活动的安全性和便捷性将起到至关重要的作用。

（四）基于人工智能的管理系统

集中担保系统应当是高度智能化的，集中担保系统对于商事活动深度介入，这需要能够在当事人给出的有限信息下，判断出当事人的全面意图，从而实现近似于保姆化的担保相关服务。集中担保系统不仅是一套中立的担保平台，更是每一个商事活动参与者的得力助手。

二、凸显功能目标

（一）便　　捷

集中担保系统的设立初衷就是在新技术的帮助下，进一步提升担保活动的便捷性。以现有的不动产担保为例，双方在缔结主合同的同时，需要草拟担保合同，然后凭担保合同向不动产登记中心申请办理抵押登记；在正常履行的情况下，合同履行完毕，则双方需再次到场解除抵押登记；在合同义务不能得到履行的情况下，违约方将向人民法院起诉，要求拍卖或变卖有关财产。由于信息的相对封闭，潜在的买家很难在全国数量庞大的拍卖信息中迅速获得交易机会，这也导致拍卖处置的价格损失和交易周期被拉长。而集中担保机制的建设就是要将以上的主要环节电子化，身份确认依赖人脸识别、网络身份认证等方式实现，标的确认以直接抓取相应行政机关的数据库中的数据，配合以当事人的实地拍摄情况确认，合同的履行直接关联担保机制。这样一来，担保的实现将变得十分便捷。

（二）成本优势

以往的担保法律制度在执行过程中高度依赖人力的投入。在可预见的将来，劳动力的成本将不断攀升，集中担保系统通过一次性的建设，将原本由人工完成的活动交由人工智能、大数据自动分析来完成。这样一来，系统运行中将节约大量的人力投入，从而使得实现担保所要承担的额外成本不断降低，减少因为担保实现而对债权人、债务人、保证人所可能产生的额外成本。

（三）安全可靠

集中担保系统应当具备金融级别的安保能力，应当成为国家基础数据的重要一环，集中全国力量打造的集中担保的信息系统将有助于在同等成本条件下实现更加优越的安全环境，这也使得高成本的安保技术、安保方式能够为全国范围内的广泛担保活动所分摊，从而得到有效应用。另外，基于分布式计算的集中担保系统天然具备优于传统系统的安全性。

三、优化法律设计

（一）担保客体不再设限

担保之所以能够得到商业活动的广泛应用，其核心原因在于：（1）对于债权人的增信作用；（2）对于债权人的债权保障作用；（3）对于交易安全的促进作用。因此，这是担保制度赖以"生存"的基础。而显然，担保制度的客体设限从不同角度看起来都不利于担保作用的充分发挥：（1）担保制度的生命力不仅在于大标的额的债权的担保，也同样在于小规模债权的担保，限制了担保的客体，也就意味着这些被限制的财产类型不能发挥其本可以发挥的担保作用；（2）担保物是否具有担保价值应当交由当事人判断，而非交由法律判断，法律对于担保客体的列举始终是受限的，期待以法律的规定来提高显然不利于发挥商事主体的主观能动性，相比于将担保价值较低的客体排除在担保制度之外，还不如选择由当事人主动选择担保物的形态。毕竟，相比于没有担保的债权债务，有担保的债权债务更有利于保障债权的实现。

因此，未来的担保制度设计应当改为以排除的方式来确定担保物的范围。以下财产将被排除在担保物之外：（1）非法财产与权利处于争议中的财产；（2）不具有可转让性的财产和权利；（3）实现担保可能严重危害社会公共利益、破坏公序良俗的财产。至于其他财产和权利，只要经过当事人的许可，应当允许作为担保客体，对于不能确定的财产，确定的方式由当事人约定。

（二）架设集中担保机构

集中担保机构应当作为重要的全国统一的事业单位。集中担保机构从总体上负责全国集中担保系统的维护工作，为全社会的民商事主体和管理性主体提供担保的办理、查询、修改、变更等服务。集中担保系统无须层层设置，集中担保服务由集中担保机构和社会中介服务机构共同提供，对于与担保设立有关，能够直接发生担保之法律效力的工作，由集中担保机构统一承担；而围绕担保有关的具体服务，例如，数据统计、代办、第三方担保、担保物的实现等则由社会中介服务机构有偿或无偿提供，进而形成"1+X"的综合担保服务体系。集中担保机构因其高效性和权威性，建议赋予其准司法效力，允许集中担保机构依据当事人的约定直接实现担保，而不再经过法律程序，从而加快担保的实现速度；对于当事人认为担保实现不当的，则直接由债权人承担相应责任，由对错误实现担保的事前审查机制改为事后审查机制。集中担保机构通过大数据比对、人工智能分析等措施，评估和预警担保活动中的合法性偏离问题，出现涉嫌违法犯罪线索的，则可依法移交司法机关处理。

（三）担保与公证相结合

由于集中担保机制本身就具有"社会确认"的特点，集中担保机构通过其数据优势、专业优势，能够对当事人所提交的担保要求完成合法性审查和确认作用。集中担保机构能够代表国家对担保的设立进行有效的确认。从这个角度来看，担保的设立与公正的实现在理念上、程序上具有很大的相似性。因此，届时可考虑赋予集中担保机制所确认的担保活动具备公证的效力。

（四）担保系统与合同联动

建立担保系统与智能合同系统的联动是发挥集中担保系统的自动化优势、大数据优势的必然选择。担保系统与智能合同系统的联动运行描绘了一幅这样的合同履行场景：首先，债权人与债务人缔结智能合约，合约可以在不同的地方签署确认，合同的内容储存在云端，双方经过沟通共同确认合同的内容，智能合约系统将当事人各方的法律行为转化为可执行的要求；其次，双方为合同的履行提供担保，担保客体经过双方当事人的确认后，载入集中担保系统，经过双方的确认后生效，集中担保系统可调取智能合约系统的数据，了解合同的履行情况；最后，若合同正常得到履行，则担保系统中对担保的设定自动消除，若债权无法得到实现，则当事人可要求担保系统实现担保，担保系统依据当事人的要求，自动将有关财产在全国范围内变现处理，变现后的财产按照主合同、担保合同的约定分配。在这一体系下，合同高度顺畅、高度自动化，社会的商业成本大幅度降低。

结　　论

本书通过分析新型担保出现的原因，梳理新型担保的具体类型，阐述新型担保所面临的合理性、合法性等问题，对具体的新型担保进行法律解析。在实践层面，通过大数据方法发现新型担保在司法实践中的特点，收集实践中具备典型特点的案例；在理论层面，结合国内外专家学者的研究，以优化营商环境为切入点，厘清新型担保与营商环境间的内在联系，分析如何认识和完善新型担保裁判规则，并对其提出一些具有可操作性的建议。但是由于主客观因素的制约，本书在理论性与实践性方面均存在一定的局限。在实践层面，由于本书高度依赖裁判文书网，许多分析和论断基于裁判文书网给出的裁判文书而得出，在实践中许多纠纷的解决不是通过司法程序来加以救济，若涉事主体相互认可了新型担保，则新型担保将不会进入司法视野以内，即使进入了司法程序的新型担保案件，相当比例的以调解结案，因此我们的研究基础本身存在一定的瑕疵。在理论层面，我们借鉴了德国、日本、韩国、联合国以及我国台湾地区的实践经验或建议，在与传统大陆法系国家（地区）的法治借鉴中，德国、日本与我国物权法律体系均存在巨大的基础性差别，德国以形式主义物权变动模式为基础，日本以意思主义物权变动模式为基础，而我国既未完全采纳形式主义模式，也未采纳意思主义模式，而是构建了以登记要件主义为原则、以登记对抗主义为例外的中国特色物权变动模式，物权变动模式的区别意味着物权法体系的根本区别，这使得德日物权法实践对我国的借鉴意义十分有限。此外，我国不论是对于德日物权法、担保法的研究，或是对我国国内新型担保的理论和实践研究都十分有限，这导致我们在本研究的理论性层面有所不足。新型担保是一个复杂而全面的问题，即使是新型担保包含哪些具体类型，这些具体类型是否合法等问题，当前已存在较大争议，不仅在理论上存在巨大的分歧，而且在实践中则对相似的案件存在截然相反的判决。因此，本研究不可能将新型担保所面临的理论问题与实践问题做到彻底解决，但期望能够为解决这些问题提供有益的思路和借鉴。综合而言，要推动担保领域的法治革新，在短期来看，应当推动司法态度的转变，由"观察""中立"转为"引导""支持"；但从长远看来，我们亟须通过立法的方式，设立统一化的担保权体系，实现统一担保登记。

参考文献

[1] 姚建军．基础合同约定债权不得转让并不影响保理合同的效力 [N]．人民法院报，2019-02-14（007）．

[2] 李春旺．商铺售后返租纠纷案件执行中的问题及对策 [N]．人民法院报，2019-02-14（008）．

[3] 刘衮琦．保理应收账款转让性质认定 [J]．法制博览，2019（4）：90-91，87．

[4] 周波，陈希凤，戴时装，等．小微企业融资环境调查及政策探析 [N]．金融时报，2019-01-25（010）．

[5] 李阿侠．回购担保合同的法律定性与裁量规则——对回购型融资租赁合同纠纷案的评析 [J]．天津法学，2018，34（4）：98-103．

[6] 杨永．存单质押的司法适用——存单质押与金钱质押辨析 [J]．法制与社会，2018（34）：69-70．

[7] 马晓白．中国吸引力：营商环境发展状况 [J]．紫光阁，2018（10）：62-63．

[8] 赵璐璐．"名为保理，实为借贷"借款合同纠纷案 [J]．法治论坛，2018（3）：349-355．

[9] 李国强，马晓白．构建中国特色营商环境评价体系恰逢其时 [N]．中国经济时报，2018-09-26（005）．

[10] 曾薇．应收账款保理融资的法律分析——以 A 银行、B 公司金融借款合同纠纷案为例 [J]．法制博览，2018（27）：158，157．

[11] 王玉琦．商业银行理财产品质押法律问题评析 [J]．纳税，2018，12（27）：146-147．

[12] 吕景胜. 构建高质量营商环境的四大关键路径 [J]. 小康, 2018 (24): 6.

[13] 张楠迪扬. 政商关系与营商环境如何实现双赢 [J]. 小康, 2018 (22): 60-61.

[14] 叶翩. 商业保理业务应收账款让与效力探究 [J]. 金融经济, 2018 (12): 203-205.

[15] 李媛媛. 应收账款质押法律问题研究 [D]. 广州: 华南理工大学, 2018.

[16] 高仁宝, 赵晓利. 对金钱质押权人优先受偿权的保护 [J]. 人民司法 (案例), 2018 (14): 64-66.

[17] 孙睿. 附回购协议的股权转让裁判规则探究 [D]. 长春: 吉林大学, 2018.

[18] 田荣源. 商业银行理财产品质押法律问题研究 [D]. 沈阳: 辽宁大学, 2018.

[19] 刘芹. 商铺租赁权质押法律问题研究 [D]. 济南: 山东政法学院, 2018.

[20] 分析与展望: 2017—2018 中国中小微企业生存与发展报告 (节选·上) [J]. 中国就业, 2018 (3): 7-9.

[21] 分析与展望: 2017—2018 中国中小微企业生存与发展报告 (节选·下) [J]. 中国就业, 2018 (4): 8-10.

[22] 杨斌, 严俊, 曹艳, 等. 浙江省排污权抵押贷款实践特征分析 [J]. 环境与可持续发展, 2018, 43 (2): 101-104.

[23] 李秋林. 新型非典型担保的法律问题分析 [D]. 成都: 四川师范大学, 2018.

[24] 曹敏敏. 买卖型担保的法律问题研究 [D]. 济南: 山东大学, 2018.

[25] 黎桦. 买卖合同风险负担规则的规范分析 [J]. 河南财经政法大学学报, 2015 (1): 77-81.

[26] 晏翔. 新型权利担保的法律问题研究 [D]. 济南: 山东大学, 2018.

［27］ 刘畅. 独立保函与保证担保的异同［J］. 中国外汇，2018（6）：63.

［28］ 叶永忠，李弼. 银行直接划转质押账户资金抵扣到期债务是否构成流质［J］. 人民司法（案例），2018（8）：67-69.

［29］ 张杰，宋志刚. 当前中国制造业营商环境的突出问题、形成机制与解决思路［J］. 人文杂志，2018（2）：35-42.

［30］ 姚傑. 应收账款质押标的问题研究［J］. 法律适用，2018（3）：108-115.

［31］ 方印，魏维. PPP 特许经营项目收益权质押若干问题探究——以（2012）榕民初字第 661 号判决为素材［J］. 贵州警官职业学院学报，2018，30（1）：3-10.

［32］ 缪锦春，闫晓红. 银行理财产品质押法律风险对策研究［J］. 商学研究，2017，24（6）：115-119.

［33］ 张清美. 核心企业回购下的存货质押融资协同决策研究［D］. 大连：大连海事大学，2018.

［34］ 张志红，张文静. 公路收费权质押风险及价值评估案例［J］. 中国资产评估，2017（11）：40-48.

［35］ 李昊，邓辉. 论保证合同入典及其立法完善［J］. 法治研究，2017（6）：61-75.

［36］ 马海桓. 中国排污权抵押制度客体之确立［J］. 世界环境，2017（5）：88.

［37］ 刘斌. 独立担保的独立性：法理内涵与制度效力——兼评最高人民法院独立保函司法解释［J］. 比较法研究，2017（5）：26-44.

［38］ 乔宇. 执行异议之诉中对质押保证金的认定［J］. 人民司法（案例），2017（14）：105-109.

［39］ 黄伟娜. 物权法定原则下特许经营收益权质押体系的反思与重构［D］. 武汉：武汉大学，2017.

［40］ 孙玥. 论不动产收益权质押制度［D］. 北京：中央民族大学，2017.

［41］ 张佳楠. 论保单质押制度［D］. 烟台：烟台大学，2017.

［42］孙洁．养老机构收费权质押贷款操作模式探析［J］．金融理论与
　　　实践，2017（4）：83-86.

［43］晋铁．农业保险保单质押贷款在农村金融工作中的探索［J］．财
　　　经界，2017（4）：97-98.

［44］梅若凡．新类型担保法律效力问题研究［D］．北京：中国社会科
　　　学院，2017.

［45］冯赵岩．商铺租赁权质押法律问题研究［D］．哈尔滨：黑龙江大
　　　学，2017.

［46］游密．银行保证金质押效力问题研究［D］．重庆：西南政法大
　　　学，2017.

［47］曹耀民．青海地区农业保险保单质押模式的探索——以青海藏区
　　　为例［J］．西部经济管理论坛，2017，28（1）：15-18，25.

［48］鲍睿宁．我国小微企业融资担保模式创新研究——基于安徽省新
　　　型政银担融资担保模式的实证分析［J］．赤峰学院学报（自然科
　　　学版），2016，32（23）：108-110.

［49］邱桂珍．论公路收费权的质押「D］．广州：华南理工大学，2016.

［50］王宗润，马振，周艳菊．核心企业回购担保下的保兑仓融资决策
　　　［J］．中国管理科学，2016，24（11）：162-169.

［51］孟铂林．商铺租赁权质押问题初探［J］．法制与经济，2016（9）：
　　　103-105.

［52］赵广阳，毛幸海．理财产品质押贷款法律风险及防范［J］．中国
　　　农村金融，2016（14）：55-57.

［53］马学荣，姜维权．商业银行保兑仓业务的法律剖析与对银行合规
　　　工作启示［J］．银行家，2016（6）：122-124.

［54］郭福伟．寿险保单质押的法律问题研究［D］．北京：中共中央党
　　　校，2016.

［55］孙蕾．理财产品质押贷款案件法律分析及启示［J］．中国城市金
　　　融，2016（4）：56-58.

［56］李杨．我国金融担保品管理实践［J］．中国金融，2016（7）：

53-54.

[57] 刘斌．独立担保的商事法理构造——兼论民法典视野下的独立担保制度建构［J］．环球法律评论，2016，38（2）：98-115.

[58] 邓庆．论商业银行理财产品质押［D］．重庆：西南政法大学，2016.

[59] 卢慧星．浅析银行"厂商银"融资模式［J］．中小企业管理与科技（中旬刊），2016（2）：75-76.

[60] 刘斌．独立担保：一个概念的界定［J］．清华法学，2016，10（1）：127-141.

[61] 黄宇乐．商铺租赁权质押法律问题研究［D］．广州：华南理工大学，2015.

[62] 陈嘉怡．金融衍生品交易信用支持法律机制在中国法下的冲突与效力［D］．上海：上海交通大学，2015.

[63] 李鸣．新型担保的法律规制探析［D］．重庆：西南政法大学，2015.

[64] 张辉峰．经营性房屋租赁权"质押"法律性质问题研究［D］．重庆：西南政法大学，2015.

[65] 吴伶俐．厂商银业务中动产质押监管的法律效力［J］．法律适用，2015（3）：112-116.

[66] 赵碧菲．产权式商铺售后返租经营模式的合法性分析［J］．中国商贸，2014（11）：183-184.

[67] 刘宇航．排污权质押贷款的新实践［J］．环境经济，2013（8）：4.

[68] 姜妮．推进排污权抵押贷款，模式选择和制度设计先行——访河北经贸大学绿色金融研究所所长王小江［J］．环境经济，2013（7）：16-21.

[69] 田天，李海涛．银行保兑仓业务和担保授信创新与应用［J］．上海市经济管理干部学院学报，2013，11（4）：46-50.

[70] 杜岚．规范保单质押贷款业务［J］．中国金融，2013（11）：93.

［71］吕玉兰．厂商银业务货物质押监管的综合性分析［J］．税务与经济，2012（2）：37-41.

［72］郭亚飞．排污权交易市场的法律规制研究［D］．杭州：浙江财经学院，2012.

［73］吕玉兰．"厂商银"业务风险识别与防控［J］．财会月刊，2011（20）：40-42.

［74］杨艳，刘黄梅．寿险保单质押贷款风险分析及其防范［J］．东方企业文化，2010（18）：109.

［75］肖希，沈文文．保单质押贷款法律探析［C］//浙江省保险学会．浙江省2010年保险法学学术年会论文集，2010：10.

［76］李晓亮，葛察忠，高树婷，等．探秘排污权质押贷款［J］．环境经济，2009（Z1）：34-40.

［77］张素华，吴亦伟．担保型买卖合同意思表示之辨［J］．河北法学，2018，36（5）：20-30.

［78］李兆环．两岸抵押权之比较与立法建议［J］．财经法学，2017（6）：47-74.

［79］李蔚．不动产买卖式担保的法律适用——以《民间借贷司法解释》第二十四条为视角［J］．山西省政法管理干部学院学报，2017，30（2）：58-61.

［80］权澈．债权转让担保［J］．山东大学法律评论，2016：68-74.

［81］晏翔．一般债权可质押性问题之争：澄清与超越——重考一般债权担保的法律性质［J］．长江论坛，2017（1）：63-67.

［82］陈定良，王黎明．以商品房买卖担保借贷合同的性质及效力［J］．人民司法（案例），2016（11）：69-72.

［83］金载亨，金香花．《韩国动产、债权担保法》的基本结构［M］//山东大学法学院．山东大学法律评论．济南：山东大学出版社，2014：6-16.

［84］向逢春．德日动产让与担保制度构建比较研究及借鉴［J］．兰州大学学报（社会科学版），2011，39（2）：60-65.

［85］黎桦. 国企改革与国有资产流失风险的耦合性及法律治理［J］.
北京理工大学学报（社会科学版），2016，18（2）：120-126.

［86］黎桦. 买卖合同风险负担规则的规范分析——"交付主义"说的
质疑［J］. 河南财经政法大学学报，2015（1）：77-83.

［87］黎桦. 企业合约效力的审计干预及其界限——兼评"企业国有资
产法"实施中对保障国有资产的创新［J］. 学习与实践，2013
（7）：80-85.

［88］黎桦. 金融机构说明义务规则之构建——立足于消费者为中心的
金融合同设计［J］. 河南财经政法大学学报，2013，28（1）：
121-126.

附　　录　　参考案例

租赁权质押案例

1. 南宁市电科小额贷款有限公司与广西乘帆电脑有限责任公司、南宁市宝利华电子有限公司小额借款合同纠纷一审民事判决书［（2015）青民二初字第 567 号］

2. 中国银行股份有限公司昌邑支行与徐某某、陈某某等金融借款合同纠纷一审民事判决书［（2018）鲁 0786 民初 540 号］

3. 上海先锋电力传动设备有限公司诉上海中科智融资担保有限公司追偿权纠纷一案二审民事判决书［（2016）沪 01 民终 289 号］

4. 桂平市农村信用合作联社与桂平市明辉农产品有限公司、梁某某志明金融借款合同纠纷一审民事判决书［（2016）桂 0881 民初 1184 号］

5. 雨山担保公司与在水一方公司、向某某、王某某追偿权纠纷民事判决书［（2013）马民一初字第 00052 号］

6. 安徽肥西石银村镇银行股份有限公司与合肥市恋忆佳食品有限公司、合肥代代传商贸有限公司金融借款合同纠纷一审民事判决书［（2016）皖 0123 民初 936 号］

7. 梁某甲与梁某乙、梁某丙进结民间借贷纠纷一审民事判决书［（2017）粤 2071 民初 14616 号］

8. 湖北大正投资担保有限公司与荆州市正丰饲料有限公司、刘某某企业借贷纠纷一审民事判决书［（2015）鄂荆州区民初字第 00387 号］

9. 南宁市电科小额贷款有限公司与南宁市盛音电子产品经营部借款合同纠纷一审民事判决书［（2016）桂 0103 民初 3402 号］

10. 海宁嘉丰担保有限公司与吴某某、董某某追偿权纠纷一审民事判决书［（2015）嘉海商初字第 492 号］

浮动质押案例

1. 中国银行股份有限公司杭州市萧山支行与杭州龙发机械有限公司、浙江杰美装饰工程有限公司等金融借款合同纠纷一审民事判决书［（2014）杭萧商初字第 2421 号］

2. 中国信达资产管理股份有限公司江西省分公司与三瑞科技（江西）有限公司别除权纠纷一审民事判决书［（2017）赣 0302 民初 801 号］

3. 浙江安吉农村商业银行股份有限公司与元利瑞德资产监管有限公司委托合同纠纷一审民事判决书［（2015）湖安递商初字第 405 号］

4. 上诉人常熟星岛×建材有限公司与被上诉人浙江××××（集团）有限公司、原审被告无锡×物流有限公司委托合同纠纷一案［（2009）浙商终字第 80 号］

5. 中国银行股份有限公司杭州市萧山支行与浙江大庄实业集团有限公司、杭州雪峰链条有限公司等金融借款合同纠纷一审民事判决书［（2015）杭萧商外初字第 135 号］

6. 赣州银行股份有限公司与三瑞科技（江西）有限公司别除权纠纷一审民事判决书［（2017）赣 0302 民初 258 号］

7. 北京国际信托有限公司与北京中海典当有限公司等执行异议之诉二审民事判决书［（2016）京 01 民终 822 号］

出租车经营权担保案例

1. 凯里东南村镇银行有限责任公司与杨某某、曹某某借款合同纠纷一审民事判决书［（2016）黔 2601 民初 1735 号］

2. 中国建设银行股份有限公司邵阳西湖支行与陈某、邵阳市东方出租汽车有限公司合同纠纷案［（2009）大民初字第 114 号］

3. 中国农业银行股份有限公司郑州管城支行与郑州市昌达出租汽车有限

公司物权纠纷上诉案〔（2012）郑民二终字第 11 号〕

4. 中保世纪资产管理（北京）有限公司与辽宁艳文出租汽车有限公司、张某甲、陈某某、张某乙借款合同纠纷民事判决书〔（2016）辽 01 民初 797 号〕

理财产品质押案例

1. 艾某某与中国工商银行股份有限公司西安高新技术开发区支行、中国工商银行股份有限公司西安长安区支行借款合同纠纷一案一审民事判决书〔（2015）碑民初字第 03072 号〕

2. 汕头市龙湖区亿信小额贷款有限公司与陈某某、王某某借款合同纠纷一审民事判决〔（2014）汕龙法民四初字第 31 号〕

3. 凌某与中国工商银行股份有限公司广州执信南路支行、中国工商银行股份有限公司广州石牌支行、中国工商银行股份有限公司广州东城支行质押借款合同纠纷二审民事判决书〔（2015）穗中法金民终字第 1516 号〕

4. 中国农业银行股份有限公司吴江分行、苏州市威庭纺织科技有限公司与王某某买卖合同纠纷执行裁定书〔（2017）苏 0509 执异 181 号〕

5. 毕某某、中国工商银行股份有限公司威海经开支行金融委托理财合同纠纷二审民事判决书〔（2017）鲁 10 民终 1394 号〕

6. 中国光大银行股份有限公司广州分行与刘某借款合同纠纷一审民事判决书〔（2015）穗天法金民初字第 1863 号〕

7. 丁某某与中国工商银行股份有限公司海安支行、中国工商银行股份有限公司海安开发区支行金融委托理财合同纠纷一审民事判决书〔（2016）苏 0621 民初 4408 号〕

8. 郭某某与中国工商银行股份有限公司石泉县支行质押合同纠纷一案二审民事判决书〔（2017）陕 09 民终 105 号〕

金钱质押案例

1. 进贤县史坦第砂纸制造有限公司、南昌市青云谱区田园小额贷款股份

有限公司二审民事判决书 [（2017）赣民终 91 号]

2. 王某某、中国农业银行股份有限公司成都蜀都支行二审民事判决书 [（2017）川民终 378 号]

3. 中国建设银行股份有限公司聊城分行、华某等案外人执行异议之诉民事判决书 [（2016）鲁民终 886 号]

4. 郭某某、明溪县农村信用合作联社案外人执行异议之诉二审民事判决书 [（2016）闽民终 440 号]

5. 汇丰银行（中国）有限公司唐山分行、河北旭阳焦化有限公司二审民事判决书 [（2016）冀民终 704 号]

6. 中国农业发展银行安徽省分行诉张某某、安徽长江融资担保集团有限公司执行异议之诉纠纷案 [（2013）皖民二终字第 00261 号]

保单质押案例

1. 中国银行股份有限公司张家港分行与张家港保税区澳丰毛纺有限公司、海鑫等金融借款合同纠纷破产民事判决书 [（2016）苏 0582 民初 7759 号]

2. 中国银行股份有限公司吴江分行与苏州闽隆织造有限公司、吴江天信勤丰纺织有限公司等金融借款合同纠纷一审民事判决 [（2017）苏 0509 民初 3546 号]

3. 中国人寿保险股份有限公司宿迁市分公司、肖某与王某某民间借贷纠纷执行裁定书 [（2017）苏 1302 执异 46 号]

4. 洪雅县农村信用合作联社与伍某某、祝某某、周某某金融借款合同纠纷一审民事判决书 [（2015）洪民初字第 647 号]

5. 阳光人寿保险股份有限公司上海分公司、阳光人寿保险股份有限公司与刘某人身保险合同纠纷二审民事判决书 [（2015）沪二中民六（商）终字第 479 号]

6. 中国人寿保险股份有限公司莱芜分公司与何某某、杨某某执行分配方案异议之诉一审民事判决书 [（2018）鲁 12 民初 24 号]

7. 中国人民人寿保险股份有限公司石河子中心支公司与童某某人寿保险

合同纠纷二审民事判决书［（2016）兵 08 民终 985 号］

排污权抵押、质押案例

1. 义乌市浪莎小额贷款股份有限公司与张某某、黄某某等小额借款合同纠纷一审民事判决书［（2014）金义商初字第 4254 号］

2. 绍兴市越城双益废水回收利用中心与绍兴市立新印染有限公司案［（2008）越民二初字第 852 号］

3. 中信银行股份有限公司绍兴轻纺城支行与浙江永通纺织印染有限公司、浙江永通染织集团有限公司等金融借款合同纠纷一审民事判决书［（2016）浙 0603 民初 5740 号］

4. 中国民生银行股份有限公司、绍兴世通毛纺绣品有限公司担保物权纠纷其他民事裁定书［（2016）浙 0603 民特 21 号］

5. 绍兴县群方机械有限公司与绍兴东大网架有限公司、绍兴五环氨纶有限公司等借款合同纠纷一审民事判决书［（2013）绍齐商初字第 8 号］

6. 义乌市浪莎小额贷款股份有限公司与杜某某、陆某某等企业借贷纠纷一审民事判决书［（2014）金义商外初字第 50 号］

收费权质押案例

1. 福建海峡银行股份有限公司福州五一支行、长乐亚新污水处理有限公司与福州市政工程有限公司借款合同纠纷上诉案［（2013）闽民终字第 870 号］

2. 双流诚民村镇银行有限责任公司与成都兴宏泰建材有限责任公司、四川邦办实业有限公司、何某某、周某某、李某甲、李某乙、李某丙、郑某某金融借款合同纠纷一审民事判决书［（2015）双流民初字第 6227 号］

3. 国家开发银行股份有限公司与信阳平桥电厂有限公司、信阳市弘昌管道燃气工程有限责任公司金融借款合同纠纷一审民事判决书［（2016）京 04 民初 81 号］

4. 中国建设银行股份有限公司台山支行、台山市古兜山峡谷漂流游乐有

限公司与通汇融资担保有限公司、吴某某金融借款合同纠纷二审民事判决书
[（2014）江中法民二终字第 142 号]

5. 湖南靖州农村商业银行股份有限公司与靖州中联燃气有限责任公司、新晃易洋燃气有限责任公司、李某、刘某金融借款合同纠纷一审民事判决书[（2016）湘 1229 民初 139 号]

6. 中国银行股份有限公司江西省分行与江西联商投资管理有限公司、杨某某、李某、詹某某、金某某英、江西福田科教投资有限公司金融借款合同一审民事判决书[（2015）洪民二初字第 169 号]

7. 李某某与浏阳市云河水电综合开发有限公司申请实现担保物权一案民事裁定书[（2018）湘 0181 民特 1 号]

8. 中国农业银行股份有限公司攀枝花仁和支行与攀枝花市胜利供水有限公司、七星能源投资集团股份有限公司、攀枝花市金鼎融资担保有限责任公司金融借款合同纠纷一审民事判决书[（2017）川 04 民初 35 号]

9. 张某某与内蒙古雅鲁藏布投资有限公司民间借贷纠纷一审民事判决书[（2017）内 0105 民初 2826 号]

10. 中国工商银行股份有限公司安庆石化集贤支行与安庆师范学院、安庆市安苑高校后勤服务有限公司借款合同纠纷二审民事判决书[（2014）皖民二终字第 00426 号]

回购担保案例

1. 西充化凤山微电影城开发有限公司与陈某某、原审第三人四川中达汇盛投资有限公司民间借贷纠纷二审民事判决书[（2017）川 17 民终 752 号]

2. 汤某某与晴川盛景房地产公司、翟某某民间借贷纠纷一审民事判决书[（2014）鄂襄阳中民四初字第 00054 号]

3. 上诉人凌源市金鳌房地产开发有限公司于被上诉人王某、郝某某借款合同纠纷案民事二审判决书[（2018）辽 13 民终 906 号]

4. 杉杉恒盛融资租赁有限责任公司与江苏省江鸿精密机械有限公司等融资租赁合同回购、担保纠纷一审民事判决书[（2015）杨民五（商）初字第 604 号]

5. 赤峰市北重汽车销售有限公司与张某某追偿权纠纷一案一审民事判决书〔（2014）红民初字第1424号〕

6. 中信富通融资租赁有限公司与福建省能宝光电集团有限公司、厦门大摩威登光电科技有限公司等融资租赁合同纠纷一审民事判决书〔（2015）一中民二初字第0122号〕

7. 四川苍溪农村商业银行股份有限公司与侯某某、苍溪县力源汽贸有限责任公司、广元市万通物流有限责任公司苍溪分公司借款合同纠纷一审民事判决书〔（2015）苍溪民初字第2203号〕

8. 内蒙古皓月汽车销售有限公司、乌海市皓天运输有限公司等金融借款合同纠纷一审民事判决书〔（2016）沪0101民初8976号〕

独立保证案例与规范

1. 陕西省高级人民法院民二庭关于审理担保纠纷案件若干法律问题的意见

2. 最高人民法院副院长奚晓明在全国民商事审判工作会议上的讲话——充分发挥民商事审判职能作用为构建社会主义和谐社会提供司法保障

3. 银川市聚鸿鑫工贸有限公司与银川市大山商贸有限公司合同纠纷上诉案〔（2009）宁民商终字第27号〕

4. 张某与褚某、王某等民间借贷纠纷一审民事判决书〔（2016）苏1283民初6153号〕

5. 晋江市吉美服饰织造有限公司、中信银行股份有限公司泉州分行、晋江市金莎珠宝首饰有限公司、陈某某、洪某某金融借款合同纠纷二审民事判决书〔（2017）闽民终226号〕

6. 漯河市中小企业信用担保服务中心与漯河众信衡器有限公司、漯河恒通线缆有限公司、谢某某、朱某某、边某某借款合同纠纷案〔（2012）源民一初字第26号〕

7. 许继集团有限公司与中国银行股份有限公司许昌分行、中国银行股份有限公司河南省分行保证合同纠纷一审民事判决书〔（2015）魏民金初字69号〕

8. 泰安和新精工科技有限公司、宁波金泰国际贸易有限公司买卖合同纠纷二审民事判决书［（2017）浙 02 民终 2796 号］

让与担保案例与规范

1. 江苏省高级人民法院关于审理房地产合同纠纷案件若干问题的解答

2. 西双版纳博森旅游房地产开发有限公司与陈某某文君商品房预售合同纠纷案二审民事判决书［（2016）云 28 民终 395 号］

3. 李某与盐城市腾海机械制造有限公司、郑某某确认合同无效纠纷一审民事判决书［（2016）苏 0902 民初 1584 号］

4. 袁某某诉江某某、朱某某民间借贷纠纷案一审民事判决书［（2016）黑 1083 民初 573 号］

5. 苏州市吴中区金庭镇集体资产经营公司与苏州明月湾旅游景观开发有限公司土地租赁合同纠纷二审民事判决书［（2018）苏 05 民终 488 号］

6. 上诉人额某某、伍某某与被上诉人杨某某、李某某确认合同效力纠纷二审民事裁定书［（2018）辽 01 民终 2321 号］

7. 谢某甲与谢某乙、杨某某担保物权纠纷二审民事判决书［（2016）内 06 民终 372 号］

8. 吴某某与湖州港城置业有限公司破产债权确认纠纷二审民事判决书［（2017）浙 05 民终 1602 号］

9. 关某与被告卢某某、黑龙江省海德宇房地产开发有限责任公司借款合同纠纷一案一审民事判决书［（2015）齐商初字第 39 号］

10. 齐齐哈尔温商房地产开发有限公司与赵某某民间借贷纠纷一案二审民事判决书［（2015）黑高商终字第 182 号］

11. 郭某某诉潘某某盛和房产公司买卖合同一审民事判决书［（2014）肇东商初字第 108 号］

12. 江阴市乾唐物资贸易有限公司与中国银行股份有限公司江阴支行合同纠纷二审民事判决书［（2017）苏 02 民终 4546 号］